Chevalier, Ulysse (éd.)

Cartulaire du prieuré de Saint-Pierre-du-Bourg-lès-Valence

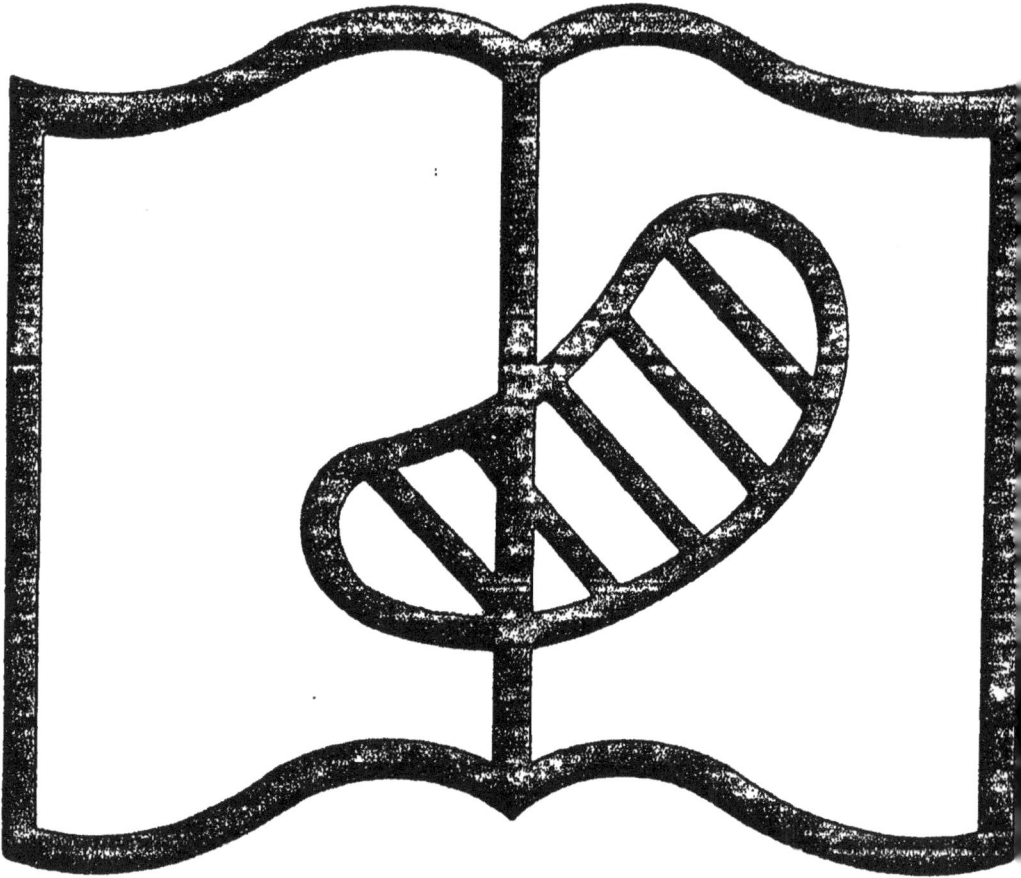

Symbole applicable
pour tout, ou partie
des documents microfilmés

Original illisible

NF Z 43-120-10

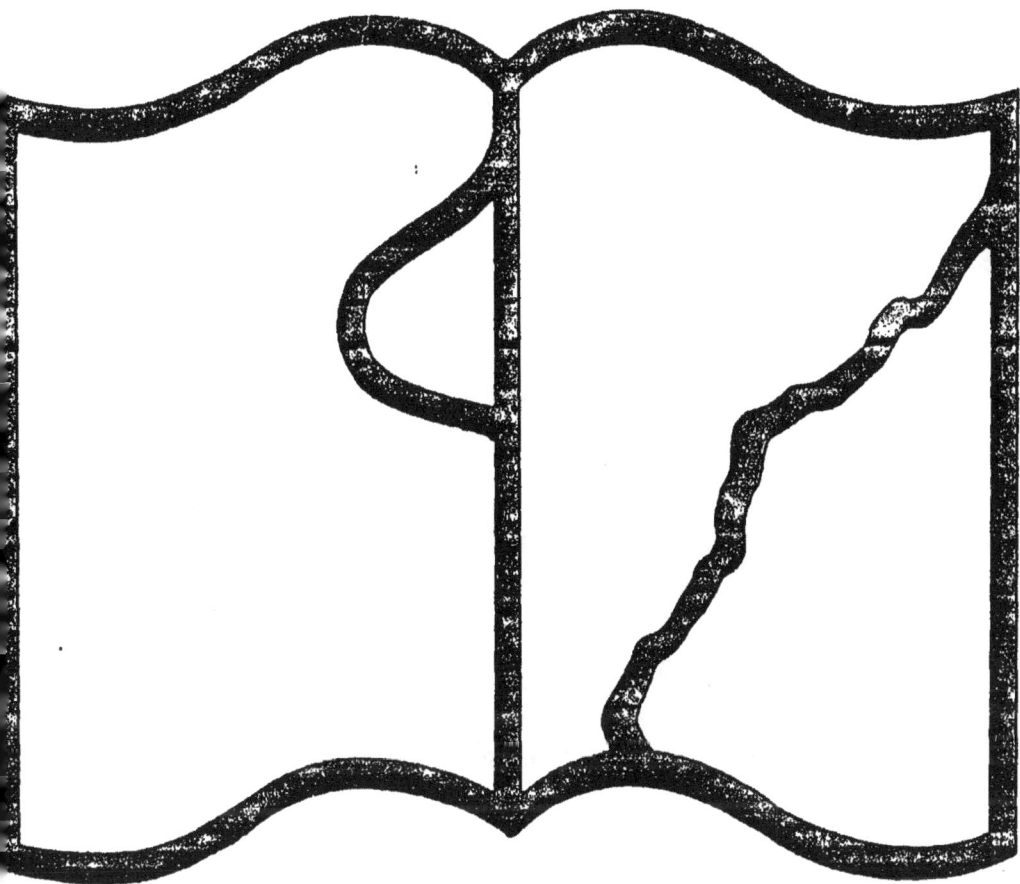

Symbole applicable
pour tout, ou partie
des documents microfilmés

Texte détérioré — reliure défectueuse

NF Z 43-120-11

SOCIÉTÉ D'ARCHÉOLOGIE DE LA DROME.

CHARTVLARIVM

ECCLESIAE

SANCTI PETRI DE BVRGO

VALENTIAE

ORDINIS SANCTI AVGVSTINI.

Ex monumentis ineditis defcripfit,

prolegomenis & notis illuftravit, indicibus auxit

C.-U.-J. CHEVALIER

S. C. E. diaconus.

CHARTVLARIVM
SANCTI PETRI DE BVRGO.

I.

Carta de officio & dignitate Prioris Burgensis ecclesie*.

Prior[1] primum comuni confilio canonicorum talis eligi debet, qui ecclefie & univerfe difpenfationi tocius comunie idoneus habeatur. Deinde affenfu abbatis in capitulo ab univerfo conventu voluntarie approbatus pompatice in ecclefiam ductus, ad dexteram abbatis ab ipfo abbate collocari debet; primus cantare, ultimus legere[2], curam univerforum gerere. Si quid inhoneftum aut emendandum fuerit, corrigere & emendare. Dum abbas non affuerit, clericos in choro communi confilio & voluntate canonicorum elevare, capifcolium & rectorem fcolarum in capitulo confilio & voluntate canonicorum [pone]re. Primus de univerfis neceffariis communie[3], intrinfecus five extrinfecus refpondere. Baiulum[4], cellerarium[5] & omnem familiam providere & cuftodire, facramenta in capitulo cum canonicis & procuratoribus capere, intus & extra curiofe adminiftrare; procuratores, five difpenfatores communie ceterarumque rerum

confilio canonicorum difponere, claves commendare, iuf-
ticias & iudicia in capitulo pertractare, hac definire. Si vero
prior defuerit, deliberacione & iudicio procuratorum aliorumque canonicorum iufticie & iudicia pertractanda hac
definienda funt, nifi tanta vel talis interveniat caufa, que
definiri non valeat. Tunc ad abbatem recurratur, ut in
capitulo cum canonicis per ipfum diffiniatur. Prior in comu-
tationibus five in venditionibus ubique terciam partem fibi
recipit, nifi in propriis ecclefie poffeffionibus [nec non] in con-
daminis[6], & in claufo[7], & in prato, & in devifio[8], & in
feudis canonicorum. Prioris funt domus & cafamenta, a
domo Giraldi Chaulet ufque ad vallum [d]e las Torloichei-
ras, & tenémentu[m Ga]landi & vinea de Ylice. Deficiente
priore, omnia que prioratus funt debent ad communiam
canonicorum & menfam redire, unde accepta fuerunt. Prior
in refectorio primus ad tintinnabulum fedet, folus comedit,
duplicem capit cibum, in comeftionibus carnium & pifcium,
exceptis volucribus de quibus tercia pars ei minuitur. In
confultis primus; *Benedicite* fuum eft; nichil de rebus ecclefiafticis five communie fine canonicis vel procuratoribus
agere habet, nifi forte grandis interveniat caufa. Quicquid
ad ecclefiam vel ad communiam attinet confilio canonicorum
agendum eft. Placita enim vicarie & negocia caufarum
hominum univerfe terre communie, a priore five a procuratoribus cum canonicis in clauftro pertractanda funt. Lex
communiter canonicorum eft. In gatgeriis[9] quas communia
acceperit, fi quid venditionis vel commutationis evenerit
totum communie erit.

Nos B. Ebredunenfis Archiepifcopus[10], & P. fuccentor Parifienfis[11], oculata fide ifta predicta vidimus in cartolario ecclefie
Sancti Petri de Burgo, & legimus de verbo ad verbum[12].

(*) Tranfcription de l'original d'un extrait fans date du Cartulaire de Saint-
Pierre du Bourg (voir *Notice paléographique* préliminaire), parchemin

de 23 lignes. Le dos porte cet autre titre : *De dignitate & officio prioris*, avec cette note : *tamen nullam datam habet & parum valet*. Cette charte, comme l'infinue la foufcription, a eu deux fceaux pendants fur double queue, dont il ne refte que les attaches.

(1) Dans les monaftères, le *prieur* avait le premier rang après l'abbé, & gouvernait en fon abfence fous le titre de prieur *clauftral*. Les *obédiences* ou membres d'une abbaye étaient fous l'autorité d'un prieur : il prenait le nom de *conventuel* quand il ne reconnaiffait pas de fupérieur; tel fut celui du Bourg de Valence après la transformation de l'abbaye en collégiale (voir *Notice hiftorique* prélim.). Cet ancien ftatut règle fes obligations et fes droits.

(2) Dans la récitation de l'office canonial, c'eft au plus digne du chœur d'entonner la première antienne & de lire la dernière leçon des nocturnes.

(3) Biens poffédés en commun, dont le produit était affecté aux befoins de la communauté.

(4) *Bajulus*, économe, chargé de l'adminiftration des biens.

(5) De *cella*, fommelier, pourvoyant au réfectoire.

(6) *Condamina*, terre directement exploitée par le feigneur.

(7) *Claufum*, enclos, ou terrain renfermé dans la clôture conventuelle.

(8) *Deviftum*, anciennement *devèfe*, pâturage réfervé & défendu.

(9) *Gageria*, bien mobilier ou immeuble donné en nantiffement au créancier (voir ch. III & IV).

(10) D'après fon écriture, cette charte remonte à la fin du XIIe fiècle ou aux premières années du XIIIe. A cette époque, les annales de l'églife d'Embrun font mention des archevêques Bertrand Ier, ancien chanceller de l'Univerfité de Paris, fucceffeur de Pierre III (CHORIER, *État polit. du Dauph.*, t. II; cf. [ALBERT], *Hift. ecclés. du dioc. d'Embrun*, t. II, p. 113, qui n'admet pas ces deux prélats), & Bernard II Chabert, maffacré par les hérétiques en 1235 (Id., *ibid.*, & *Gallia Chriftiana* nova, t. III, col. 1076).

(11) On nommait *fuccenteur* celui qui dans les collégiales chantait après le précenteur (*primus cantor*). Dans la dernière moitié du XIIe fiècle vivait Pierre furnommé *cantor* (cf. PILLET, *Hist. de Gerberoy*, p. 343 : *Petrus præcentor Parifien.* en 1185; DUPLESSIS, *Hist. de Meaux*, t. II, p. 81 : *P. cantor Parif.* en 1195), chanoine de l'églife de Paris, dont il refufa la dignité épifcopale, ainfi que celle de Tournay (*Annales Cifterc.*, t. III, p. 311); il mourut dans la folitude de Longmont en 1197 (*Gallia Chrift.* nova, t. VII, p. 78), laiffant comme principal titre littéraire : *Verbum abbreviatum* (OUDIN, *Comment. de Script. ecclef.*, t. II, p. 1661). — Notons encore qu'un *Petrus cantor*, chanoine de Saint-Pierre du Bourg, figure en 1191 (ch. XI).

(12) Cet acte n'eft point le feul extrait du Cartulaire de Saint-Pierre dont ces deux perfonnages atteftèrent la teneur par l'appofition de leurs fceaux (voir ch. IX & XII).

II.   27 janvier 1065.

[*Bulla privilegii Alexandri II papæ*]*.

(Habemus) Bullam Alexandri papæ II continentem
quatuor capita in fubftantia effectualiter. Primum quidem,
quod ipfe papa ecclefiam Sancti Petri de Burgo fub deffen-
fione Sedis Apoftolicæ recepit[1]. Secundum, quod omnia
eidem ecclefiæ olim oblata feu offerenda, tam a Gontardo
epifcopo Valentiæ[2] quam etiam a fuis prædeceffaribus feu
a quibufcunque fidelibus, confirmavit. Tertium, quod indebitas atque injuftas confuetudines feu invafiones, quas ipfe
epifcopus feu prædeceffores fui fecerunt, omnino irritas &
inutiles decrevit. Quartum, quod interdicit ut nulla perfona
dictam ecclefiam de his inquietet feu diminuat, indebitos
atque nocuos mores imponat. Quod fi aliquis attemptaverit
& admonitus canonice emendare contempferit, fciat fe authoritate apoftolica excommunicatum. Datum Laterani,
vj⁰ kalendas februarii, pontificatus fui anno quarto[3].

(*) Analyfe tirée de l'*Inventaire raifonné*, fol. 2 (*Cartulaire*, fol. CCV).

(1) Au moyen âge, il eft peu d'établiffements religieux en France qui
n'aient obtenu d'être mis fous la protection du Saint-Siége : en quoi confif-
tait ce privilége? Il ne fera pas inutile de l'indiquer au début de ces publi-
cations diplomatiques. Les bulles de priviléges accordées aux monaftères
par les papes les exemptaient de la juridiction épifcopale ordinaire & les
foumettaient directement au Saint-Siége; elles avaient pour but de confirmer
leurs dotations, d'empêcher leur fpoliation & de prévenir leur relâchement.
Des abbayes, fortirent les hommes les plus faints et les plus favants. Les
plus anciennes bulles d'exemption datent du pape Hormifdas (Thomassin,
Vet. & nova Eccl. difciplina, p. I, l. III, c. 30; — Bianchi, *Dell' efter.
polizia della Chiefa*, t. IV, p. 360; — Du Chesne, *Hiſt. Franc.*, t. I, p. 662; —
Ughelli, *Italia fac.*, t. IV, col. 955; — Mabillon, *Annal. Bened.*, t. I, p. 345,
etc.). Les monaftères de fondation royale avaient de droit cette prérogative

(cf. MARCVLFE, *Formular.*, lib. I, n. 1 & 2 ; — *Patrol. lat.*, t. CLXXXVII,
col. 697). Mais, à partir du XIIe fiècle, les évêques conteftèrent ces priviléges, devenus des obftacles à leur autorité & au gouvernement des paroiffes,
& querellèrent fouvent les abbés à cet égard. La conftitution *Infcrutabili*
de Grégoire XV a déterminé le droit actuel *de exemptorum privilegiis &
fubjectione* (FERRARIS, *Biblioth. canonica*, etc., édit. Migne, 1861, t. VI,
col. 1154).

(2) Gontard était de la famille des premiers comtes de Valentinois ; fils
de Hugues, il fuccéda fur le fiége de Valence, d'après le P. ANSELME (*Hift.
généal. & chronol. de la maifon roy. de France*, t. II, p. 186), à fon
oncle l'évêque Pons, ou plutôt, d'après M. l'abbé ROUCHIER (*Hift. du Vivarais*, t. I, p. 429, n. 1), à fon oncle Odon (Ier, fils du comte Geilin II,
omis par tous les catalogues). En réfumant les travaux du P. COLVMBI (*De
rebus geftis Valentin. & Dienfium epifcop.*, p. 17), de Mgr. DE CATELLAN
(*Antiquités de l'égl. de Valence*, p. 225), des PP. RICHARD & GIRAVD
(*Bibliothèque facrée*, édit. 1826, t. 28), & de M. MARION (lifte des évêques
de Valence, dans l'*Annuaire de l'Hiftoire de France* pour 1851), nous
trouvons que l'épifcopat de Gontard dura au plus de 1082 à 1100. Grâce
au Cartulaire de Saint-Barnard de Romans, M. GIRAVD a pu (*Effai hiftor.*,
Ire part., *preuv.*, p. 45, n. 2) reculer de douze ans fon avénement : outre
qu'il nous le montre (ch. 119 & 181) adminiftrateur de l'églife de Vienne
pendant la vacance en 1082, la charte 12 contient une convention qu'il fit
avec l'archevêque Léger, c'eft-à-dire au plus tard en 1070, année de la
mort de ce dernier. Mais une charte du Cartulaire de Saint-Félix de Valence (inédit) va nous permettre de fixer cette époque d'une manière défi-
nitive : *Noverint.... quod anno Incarnationis Domini noftri Ihefu milleſimo
ſexageſimo VI, anno III epifcopatus Gontardi gratia Dei epifcopi Valentini ;* c'eft donc en 1063 ou 1064 que Gontard a été élu évêque. — Relevons
une erreur en finiffant : M. TEVLET (*Inventaires & documents des archives
de l'Empire*, t. I, p. 41 *a*) affure que l'évêque de Valence qui affifta à un
contrat paffé à Touloufe en 1118 fe nommait Gontard & occupa ce fiége
de 1082 à 1134 ; difons feulement qu'Euftache était évêque de Valence dès
1111 (voir ch. VII, n. 5).

(3) Alexandre II fut couronné pape le 1er oct. 1061 (JAFFÉ, *Reg. Pont.
Rom.*, p. 390) ; il était encore à Latran le 16 avril 1065, jour où il délivra
une bulle en faveur du monaftère de Saint-Miniat de Florence, & le 17
qu'il en accorda une autre à celui de Saint-Pierre de Péroufe (*Patrol. lat.*,
t. CLXVI, col. 1290). — Bien que la contexture & furtout la date de cette
bulle ne femblent pas du XIe fiècle, elle ne faurait être de fes fucceffeurs
Alexandre III ou Alexandre IV, qui à l'époque correfpondante de leur pontificat étaient, le premier (1163) à Tours (JAFFÉ, *ibid.*, p. 189) & le
fecond (1258) à Viterbe (*Cartul.* inéd. *de Léoncel*).

III.   1160.

Carta de gageria quam habet ecclesia de Burgo
a Giraldo Bastet in portu de Burgo[*].

Ego Odo Dei gracia Valentinus epifcopus[1], per prefentem cartam figilli mei impreffione fignatam tam prefentibus quam futuris notum facere dignum duxi, quod prior & canonici Sancti Petri de Burgo fuam michi prefenciam exhibentes, tum quibufdam fcripturis tum teftibus idoneis fufficienter coram me probaverunt, quod Giraudus Baftet[a] quicquid iuris in portu de Burgo habere videbatur, pro C.C.C.C. folidis Viennenfis monete[3] pignori obligavit priori & canonicis eiufdem ecclefie prefentibus & futuris; ita tamen quod quandocumque pignus huiufmodi fibi vel heredi fuo fuerit redimendi facultas, poftquam idem[4] canonici annualem cenfum omnino receperint & debite fortis plenam habuerint folucionem, ius proprietatis quod in eodem portu fibi congruere debet, libere & quiete ad eum redibit & eius vel heredis fui convertetur in ufus. Preterea iuxta eiufdem pacti tenorem fi forte idem canonici emcionis vel pignoris caufa ab his qui in partem eiufdem Giraudi fub ipfius dominio predicti portus poffeffores exiftunt, quicquam poterint vendicare, prehabito tamen ipfius Gir. vel heredis fui confilio, libere & quiete fibi adquirere & poffidere liceat; & cum idem pignus liberabitur quafcumque in adquificione rufticani iuris[5] eadem ecclefia expenfas feciffe videbitur, cum debita forte plenarie recuperare debebit. Vt igitur ea que predicta funt firma maneant & inconcuffa, & ad quorumlibet calumniancium iniuriam cohercendam fi forte ibidem ab aliquo fuerit illata, quod idem Gir. pro poffe fuo fe opponat ita tamen quod guerram vel expenfas inde non faciat, ipfe & Willelmus de Cruzol frater eius fub iuramento promiferunt; infuper & fideiuffores & obfides conftituti funt Petrus Ugonis, Galbertus de Balfre cum ipfis; & fi forte fuper hoc aliqua predictis canonicis ab aliquo inferretur iniuria unde adverfus Gir. merito conqueri deberent, ad commonicionem prioris vel alicuius canonici infra Valenciam tamdiu obfidium fub iuramento tenere debent, donec de dampnis fibi illatis condigne fit fatifactum (*fic*). Si vero predictorum aliquem interim mori contigerit, eque idoneus obfes vel fideiuffor ad commonicionem prioris vel alicuius canonici de Burgo fine mora reftitui debet. Quod ut fideliter obfervetur hec omnia laudavit Agnes uxor Gir. & fideiuffores conftituti funt Willelmus Euftorgii, Guinifius de Caftro Novo[6], Ar. de Caftro Boc[7]. Teftes funt Falco prior, Siebodus, Petrus, Willelmus Aaugis, Bofo, Vgo de Pairan, Willelmus de Alexiano. Eapropter fupradictis teftibus & eorumdem canonicorum fcripturis ego plenam adhibens fidem, quod inter eos & ipfum Gir. contractum fuerat confirmavi & robur auctoritatis mee atribui. Facta funt hec anno ab Incarnacione Domini M° C° lx.

(*) Texte pris fur l'original, parchemin de 26 lignes, avec fceau de l'évêque Odon fur lemnifque de cuir. Au dos fe trouve cet autre titre : *Debitum ecclefie Burgi contra Giraudum Bafteti de IIIIe fol. Vien. ex caufa mutui facti anno M° Clx,* — & cette analyfe : *Giraudus Bafteti obligavit priori & canonicis Sancti Petri de Burgo Valentie totum jus quod habebat in portu Rodani pro CCCC. folidis quos habuit ab ecclefia; & donec folviffet dictos fol. debebant percipere cenfum pertinens fibi pro parte quam habebat in dicto portu.* — Cette charte a été tranfcrite dans l'*Invent. rais.*, fol. 41, avec la cote n° 21.

(1) Odon ou Eudes de Chaponay, fecond évêque de ce nom (ch. II, n. 2, d'après le Cartulaire de Saint-Chaffre, p. 29), était fils de Gui (*Guido*) de Chaponay & d'Anne de Beaumont (COLUMBI, *Opufcula varia,* pp. 256 & 567 sqq.), & oncle de Guillaume de Cruffol (ch. IV) & par conféquent de Giraud Baftet, fon frère. D'après le P. COLUMBI, Odon, évêque vers

1154, l'était encore en 1188; M. Marion indique : *vers* 1156 — *vers* 1188. Nous poſſédons treize chartes inédites de ce prélat : la plus ancienne eſt de 1158 & la dernière de 1185; nous prouverons (ch. IX, n. 3) que ſon ſucceſſeur Falcon ſiégeait en 1187. — Le ſceau d'Odon eſt à notre connaiſſance encore appendu à quatre titres; la légende eſt : ✠ ODO·VALENTINVS·EPISCOPVS.

(2) Le P. Anselme (*Hiſt. généalog.*, etc., t. III, p. 702 ſqq.) a donné une généalogie des ſeigneurs de Cruſſol, qu'il ne fait pas remonter au-delà du XIIIᵉ ſiècle : le Cartulaire de Saint-Pierre du Bourg lui aurait permis d'y ajouter quelques degrés. Giraud (nommé par ſobriquet) Baſtet, dont la mère eſt qualifiée de vicomteſſe (ch. IV), avait pour oncle l'évêque de Valence Odon, pour frère Guillaume de Cruſſol (ch. III & IV) & pour femme Agnès (ch. III). Il eut pour deſcendants Gui & Adalbert, qui apparaiſſent en 1209 (ch. XVI); Gui vivait encore vers 1224 (ch. XXXIII), & avait pour fils Giraud Baſtet (Iᵉʳ du P. Anselme) que nous voyons encore en 1233, 38 & 45; Adalbert, auquel ſon père avait donné ſes droits ſur le port du Bourg paraît en 1210, 14, 33 & 38. Nous ne pouſſerons pas plus loin ces détails généalogiques : heureux d'avoir fourni des titres authentiques à ceux qui voudront compléter ou reprendre l'hiſtoire de cette famille (voir encore ch. IV, n. 1). Ses armes, que nous avons trouvées ſur deux ſceaux appendus à des chartes de 1233 & 1238, étaient : *faſcé d'or & de ſinople de ſix pièces;* la légende porte : ✠ S. GIRAVDI BASTET. — Le nom de *Baſtet* ſe propagea auſſi dans la maiſon de Cruſſol d'Uzès : le chevalier Pons Baſtet, de cette famille, fit en 1190 partie de la troiſième croiſade; ſes armes figurent ſous le nᵒ 9 des inſertions ſupplémentaires de la galerie des Croiſades du muſée de Verſailles : *de gueules à trois bandes d'or.*

(3) Il ſerait difficile d'apprécier la valeur actuelle de cette ſomme; rappelons ſeulement que la livre valait à cette époque 18 fr. 443ᵐ (table de Dernis); le ſou d'argent avait pour équivalent douze deniers & le ſou d'or quarante; enfin, le denier était, deux ſiècles après Charlemagne, la 134ᵉ partie de la livre (Abot de Bazinghen, *Traité des monnoies*). Le ſou d'or vaudrait, à ce compte, 6 fr. & celui d'argent 1 fr. 784ᵐ; les 400 ſous dont il s'agit ici, ſuppoſés en monnaie d'or, vaudraient, à leur tour, 2400 fr.; ſomme qui paraît au-deſſous de la valeur de la part du port donnée en nantiſſement à l'égliſe du Bourg par Giraud Baſtet. Nous trouvons la preuve de cette conjecture dans la charte XVI : le Chapitre en retirait alors 20 livres de revenu, ſoit, d'après la valeur de la livre à cette époque (ch. VI, n. 4), 393 fr. 44 c. En ſuppoſant le revenu du chapitre à peu près égal à l'intérêt de la ſomme engagée & l'argent prêté au denier vingt, ces 20 livres auraient valu en capital 7868 fr. 88 c., ce qui rend le ſou d'or équivalent à 19 fr. 672ᵐ, valeur intrinſèque qu'il eſt néceſſaire de multiplier par le *pouvoir* de l'argent, pour en connaître la valeur relative à notre époque. — Voir ſur la numiſmatique des archevêques de Vienne : Fauris de Saint-Vincens, *Mémoire ſur les monnoies qui ont eu cours en Provence;* — Tobiesen-Duby, *Traité des monnoies des prélats & des barons,* t. I, p. 1;

· — *Mémoires de l'Académie des Inscript. & Belles-Lettres*, t. XV, p. 482 ;
— L. Foulques, *Essai sur l'art monétaire & sur l'origine des hôtels des
monnaies de Lyon, Macon & Vienne*, 1837 ; — G. di San Quintino, *Monete del X° e del XI° secolo scoperte nei dintorni di Roma;* Torino, 1846,
p. 20; — *Dictionn. de Numismatique & de Sigillographie religieuses;* Paris,
Migne , 1852, col. 1428; — H. Morin, *Numismatique féodale du Dauphiné;* Paris, 1854, in-4°, pp. 1-38, pl. I-IV & XXIII, n. 1; — Poey
d'Avant, *Monnaies féodales de la France*, 3 vol. in-4°, 1858-1862, t. III,
pp. 39-47; — *Bulletin de la Société*, Ire an., p. 230.

(4) Contraction pour *iidem*.

(5) Le *Lexicon manuale ad script. mediæ & inf. latinitatis ex glossariis
Car. Dufresne-Ducangii, Carpentarii, Adelungii & aliorum*, Paris, 1858,
grand in-8°, ne fait pas mention de cette acception du mot *jus*. Elle s'appli-
que au liv. III, tit. XLIX, *De immunitate ecclesiarum*, etc., chap. 3e des
Décrétales de Grégoire IX (*Corpus Iuris canonici*, ed. I. Hen. Boehmer,
Halae Magdeb., 1747, in-4°, t. II, col. 617), relatif au droit de chaque
église sur les colons de ses terres.

(6) La famille de Châteauneuf-d'Isère (voir ch. XIII, n. 2) fut la bien-
faitrice de tous les établissements religieux des environs.

(7) Châteaubourg, en Vivarais (voir ch. XIII, n. 4).

IV.   1162.

*Carta de gageria quam habet ecclesia de Burgo
a Willelmo de Cruzol in portu de Burgo*[*].

Ego Willelmus de Cruzol[1], cum necessitas mea creditorum
suffragium me cogeret implorare, urgenti necessitati mee
consulere volens, quicquid iuris habere videbar in portu de
Burgo, prehabita consilii deliberacione, pro D. C. solidis[2]
Viennensis monete domno Falconi priori de Burgo & ceteris
ciusdem loci canonicis presentibus & futuris, cum matris
mee vicecomitisse consilio & assensu, pignori obligavi : ita
tamen quod quandocumque pignus huiusmodi fuerit michi
vel heredi meo redimendi facultas, postquam idem canonici

annualem cenfum cum integritate receperint & debite fortis
plenariam folucionem habuerint, ius proprietatis quod in
eodem portu ad me fpectare dinofcitur, libere & quiete
meos vel heredis mei redigatur in ufus. Si vero predicta
moneta tunc temporis videretur aliquatenus deteriorata, de
pacto talem fibi teneor facere recompenfacionem quod ecclefia predicta indemnis per omnia confervetur. Preterea
taliter inter nos ego & ipfi convenimus, ut fi forte ab his
qui nomine meo ibidem poffeffores exiftunt, emcionis vel
pignoris caufa, bona fide & iufto titulo eam quam ibidem
partem habere videntur, eadem ecclefia poterit adhipifci,
prehabito tamen mecum vel cum herede meo confilio, fibi
vendicare liceat & poffidere; & cum idem liberabitur pignus,
quafcumque in adquificione rufticani iuris expenfas idem
canonici feciffe nofcuntur, cum debita forte plenarie recuperare debebunt. Vt igitur ea que predicta funt a me fideliter
& efficaciter obferventur, & fi forte calumnia vel iniuria
aliqua fuper hoc ab aliquo fibi illata fuerit, quod fine guerre
& expenfarum incommodo me pro poffe meo opponam,
fub iuramento ego & Ar. de Aj & Oliverius de Montaifone
promifimus & obfides & fideiuffores nos inde conftituimus;
ita tamen quod quandocumque idem canonici de illata fuper
hoc fibi iniuria merito conqueri poterint, nos infra caftrum
de Cruzol tamdiu obfidium tenere debemus donec condigne
fibi fit fatifactum. Ad maiorem huius rei conftanciam domnum Odonem Valentinum epifcopum avunculum meum,
in cuius prefencia hec omnia facta nofcuntur, fideiufforem
conftitui, quem inftanter rogavi quatenus figilli fui munimine prefentem cartam corroboraret. Item obfides & fideiuffores conftitui Guienifium de Caftro Novo, Vgonem d'Aj,
Bo. de Bolzanis, Vmber. de Caftro Novo, Vmber. de Caftro
Boc, Ar. de Caftro Boc, fub tali fcilicet condicione quod fi
quis de predictis obfes vel fideiuffor interim decefferit, ad
commonicionem prioris vel alicuius canonici de Burgo eque

idoneus infra mensem fibi reftituatur. Facta funt hec anno
ab Incarnacione Domini M° C° lx° ij°.

(*) Texte tiré de l'original, parchemin de 24 lig., portant fur le dos cet
autre titre : *Debitum ecclefie Burgi contra Guillelmum de Cruceolo de v*
fol. Vien. caufa mutui facti anno m° clxij; avec cette analyfe : *Willelmus*
de Cruzol pro fua neceffitate tradidit in gageriam five in pignus domno
Falconi priori & ceteris canonicis Sancti Petri totum jus quod habebat in
portu Rodani pro V°. folidis monete Vienn. tenendi & annuatim perci-
piendi fructus dicti juris donec redimeret vel ejus heredes illud jus quod
habebat in dicto portu.

(1) Guillaume de Cruffol était frère de Giraud Baftet (ch. III, n. 2). Un
autre Guillaume (fon fils ou petit-fils) paraît en 1210 (ch. XVII); fa
femme s'appellait Vaffalde (ch. XXI); ils avaient un fils Rainaud & une
fille dont on ne fait pas le nom (*ibid.*). Un Guillaume de Cruffol figure
encore comme témoin en 1238 (ch. XXXVI), etc.

(2) Ces 600 fous en or auraient valu (ch. III, n. 4) à cette époque
3600 fr.; en 1210 la portion du port pour laquelle elle avait été engagée
rapportait 30 livres Viennoifes de revenu, foit 590 fr. 16 c., ou un capital
de 11803 fr. 20 c.

V.   1164-82.

De protectione Odonis episcopi[*].

ODO Dei gracia Valentinus dictus epifcopus, kariffimo in
Xpifto & venerabili filio fuo Guigoni Sancti Petri de
Burgo reverendo priori & ceteris eiufdem ecclefie canonicis
prefentibus & futuris, in perpetuum. Cum omnibus ecclefiis
iuridictioni noftre fubiectis ex officio nobis iniuncto iura fua
tueri & integra confervare & earum paci & tranquillitati in
pofterum providere debeamus, fpecialiter eas fovere &
earundem utilitatibus & incrementis totis nos providere
viribus oportet, que digniores Deo inter ceteras exibent

famulatus, & nobis fpecialius adherere nofcuntur. Eapropter, dilecti in Domino filii, utilitati & paci veftre in pofterum
providentes, quecumque predia, quafcumque poffeffiones
five redditus, nomine emcionis vel·pignoris, feu fidelium
beneficils vel quibuflibet aliis modis, ecclefia veftra tam per
fe quam per alios inprefenciarum iufte & quiete tenere vel
poffidere videtur, vel in futurum Deo propicio canonice
poterit adhipifci, nos illa qua fungimur auctoritate confirmamus vobis & in perpetuum veftris ufibus profutura concedimus. Addicientes quod fi qua fecularis perfona eadem
bona five res veftras vobis auferre vel diminuere, vel vobis
invitis contrectare vel turbare prefumpferit, fecundo terciove
commonita fi ab iniuria defiftere noluerit & fuper illatis
dampnis eidem ecclefie non fatifecerit, Omnipotentis Dei &
ecclefie Valentine & noftram indignacionem incurrat, & a
facra communione Corporis & Sanguinis Domini, dum in
fua nequicia perfeveraverit, prorfus alienus exiftat. Cuntis
(*fic*) autem ibidem iura fua fervantibus fit pax & iretribucio
a Deo in eternum & in feculum fcculi. Amen. — Hec
autem volumus firmiter obfervari, falva tamen reverencia &
auctoritate pontificali [x].

<hr/>

(*) Tranfcription de l'original, parchemin de 17 lig.; fur le dos nous
lifons ce titre plus détaillé : *Confirmatio domni Odonis epifcopi Valentini
facta ecclefie Sancti Petri de Burgo Valentie de omnibus prediis, poffeffionibus & redditibus aquifitis per dictam ecclefiam & eciam atquirendis,* —
& cette note : *Ecce tempore multo poft iftam habuimus quamdam aliam am-
pliorem confirmationem per d. Humbertum epifcopum Valen. & d. Humbertum archiepifcopum Vien. factam anno m° ccx, menfe feptembri* (voir
ch. XIX). Cette pièce eft encore analyfée f° 5 v° de l'*Invent. rais.* & f° 5 v°
de fon *Extrait.*

(1) Cette charte - privilége eft remarquable par la reffemblance qu'elle
affecte avec les grandes bulles des papes; la dernière phrafe, d'une écriture
différente, devait être fuivie de la date & de la foufcription.

VI. 1183.

[*Carta de permutatione ecclesiæ Burgi cum Eustachio præposito Valentiæ*] *.

(Habemus unum) inftrumentum five cartam continentem permutationem quam ecclefia Burgi fecit cum Heuftachio felicis recordationis præpofito Valentiæ[1], ex qua ecclefia eft multum augmentata in redditibus, cum dominio & decimis de Marifco[2], & quod ultra eft de candellis & avena exonerata. Data fub anno Domini M° clxxxiij°. Cujufquidem inftrumenti feu cartæ tenor in effectu talis eft :

Et primò fequuntur illa quæ idem præpofitus dedit ecclefiæ ac perpetuo conceffit. — In primis fiquidem candelas quas ecclefia folet præpofito adminiftrare; item avenam cenfualem quam percipiebat in manfis qui dabantur ad plantandum vineas. — Item fuper Sazie vinea fita in montata[3] : ilj folidos[4], vj barralia vini cenfualia. — Item fuper tenemento Petri Vitelli[5] : xij denarios cenfus. — Item fuper tenemento Balborum[6] : ij panes, ij capones, j gallinam cenfus. — Item fuper tenemento hominum qui dicuntur Romeracii[7] : ij panes, ij capones, j gallinam cenfus. — Item fuper tenemento fito circa clauftrum ecclefiæ ab oriente & ab auftro a parte cureriæ ufque ad portam clauftri, cum dominio & bajulatione, videlicet xviij den., iij feftaria avenæ, j feftarium ordei cenfus. — Item conceffit ut panes hominum infra hoc fpacium habitantium coquantur in furno ecclefiæ. — Item idem præpofitus dedit ecclefiæ omne dominium quod habebat in domo, cafali & ij[8] ortis juxta plateam publicam cureriæ, duo foffata cum congregatione aquarum in eifdem foffatis. — Item totum jus & dominium quod habebat in tenemento fratrum Templi [9] juxta tenementum Joannis Glaudus. — Item remifit ecclefiæ decimas de Marifco. — Item jurifdictionem quam habebat in homicidis, traditoribus, adulteris, perjuris & in illis qui de crimine perduellionis convincicbantur hominibus ipfius ecclefiæ. — Item omne jus & dominium quod habebat in hominibus ecclefiæ cum omnibus eorum bonis tam in·vita quam in morte, & pariter in domo nomine tenus pauperum quæ Helemofinaria [10] dicitur. — Item licitum eft tam hominibus ecclefiæ quam præpofiti fe transferre de una terra ad [11] aliam, fed tamen fpectabunt ad dominium cujus terram inhabitabunt verfa vice.

Et verfa vice hæc funt quæ ecclefia Burgi remifit eidem præpofito temporibus perpetuis. — Et primò x tenementa quæ habebat in vico ab alveo cureriæ ufque ad domum Confratriæ [12], quæ reddunt annis fingulis videlicet ix folidos, v denarios cenfuales. — Item domum, tertiam partem molendini ad arcus condam dicti molendini [13] Sancti Maximi & unum manfum apud Avoyanum [14]. — Item in vico Ferra-teriæ [15] Valentiæ : v [16] folidos cenfuales. — Hæc omnia Bozonus vicarius [17] tradiderat de pignore eidem ecclefiæ pro xxx marcis argenti [18] & decem libris. — Item ecclefia præter hæc dedit eidem præpofito femel tantum iiij[c] l folidos.

Sane Heuftachius præfatus fupradictis conceffionibus adjecit fe plenarie laudaffe & quicquid prædeceffores fui five epifcopi Valentiæ nomine donationis, permutationis, conventionis five quolibet alio modo cum ecclefia Sancti Petri contraxerint approbaffe.

(*) Cette charte ne nous a été confervée qu'en analyfe par l'*Invent. raif.* f° 3 & fon *Extrait* f° 5. Nous donnons les variantes de ce dernier ; le ch. XIX en offre un fragment confidérable qui femble textuel.

(1) Voir, fur ce bienfaiteur du Bourg & fur fes prédéceffeurs dans la prévôté de Valence et l'abbaye de Saint-Pierre, la *Notice hiftoriq.* prélim.

(2) L'*Invent. raif.* donne la verfion vicieufe de *Marifta* (voir ch. XIX, etc.). — Il y avait à Loriol un prieuré de Saint-Martin *de Marifco* ; à Charpey,

une églife de Saint-Didier *de Marefto*, & des quartiers dits *du Marais* à Alixan & à Monteller.

(3) Var. *Montana*; on trouvera ailleurs *Montaa : de mons*, montagne. La haute Montée eft le quartier de Pomaret; le coin de la Montée, Saint-Barthélemy, & le coin de la Montée fur le Fiol, la Tourtelle.

(4) La livre d'argent valait fous Philippe-Augufte 19 fr. 643ᵐ (table de DERNIS), & en conféquence le fou 0,982ᵐ & le denier 0,081ᵐ.

(5) Var. *Vitalli*. — (6) Var. *Balborii*. — (7) Var. *Romerani*. — (8) Var. *in*.

(9) Les chevaliers du Temple (*fratres Templi Salomonis*) ont laiffé peu de traces de leur établiffement à Valence; nous favons qu'ils y poffédaient une commanderie fous le titre de saint Émilien : Ponce Willelmi en était procureur en 1197. Nous donnerons les quelques titres que nous avons recueillis fur cette maifon en *appendice* avec ceux des Hofpitaliers de Valence & du prieuré de Bonlieu, fondé par Véronique comteffe de Marfanne, & enrichi par le prévôt Euftache, fon fils (voir *Notice* prélim.).

(10) Cet établiffement de charité eft le plus ancien de Valence dont les titres nous aient donné connaiffance : le Cartulaire du Bourg en fait plufieurs fois mention fous diverfes dénominations (voir l'*Index locorum*), & nous fournit la preuve qu'il était fur le territoire & de la dépendance du chapitre de Saint-Pierre.

(11) Var. *in*.

(12) Confrérie religieufe, appelée dans la ch. XIX *confraternitas*, dont on ne connaît pas autrement l'exiftence; elle poffédait une maifon dans le Bourg.

(13) Var. *quod dicitur molendinum*......

(14) *Avoyan*, aux Chanalets.

(15) Var. *Ferretariæ*, rue des forgerons ou taillandiers.

(16) Var. *fex*.

(17) Le Cartulaire du Bourg & d'autres documents nous ont fourni les noms de plufieurs des vicaires ou viguiers de l'évêché de Valence.

(18) Le marc d'argent ou moitié de la livre de 16 onces (0,24475 kilog.) avait une valeur intrinfèque de 54 fr. 383ᵐ (cf. ch. III, n. 4).

VII.   1183.

[*Carta de confirmatione Odonis episcopi Valentini*]*.

Plane Odo epifcopus Valentiæ, affenfu Capituli Valentiæ, laudavit & confirmavit quancumque donationem, permutationem & conventionem quas fecit eidem ecclefiæ, five quencumque contractum quem cum eadem vifus eft habuiffe. Adjiciens etiam quod quæcumque prædeceffores fui epifcopi, Guigo[1], Lambertus[2], Humbertus[3], Gontardus[4], Heuſtachius[5] Bernardus[6], & præpofiti Valentiæ eifdem epifcopis contemporanei, videlicet Gentio[7], Arnaldus, Guilhermus & alius Guilhermus, tam in ecclefiis quam in quibufcumque redditibus vel poffeffionibus, five quibuſlibet aliis modis fub prætextu donationis, permutationis vel alicujus contractus dictæ ecclefiæ concefferunt. Etiam quicquid Bernardus patriarcha Antiochenus[8] de confuetudine terræ Sancti Petri atteſtatus eſt, ſicut in ejus cartolario continetur, eidem ecclefiæ perpetuo laudavit & confirmavit.

Hoc inſtrumentum feu carta ſigillata (eſt) ſigillis ipſorum dominorum epifcopi & præpofiti ac etiam Capituli Valentiæ, fub anno Domini M° clxxxiij°.

(*) Charte dont nous n'avons également qu'une analyfe fournie par l'*Invent. rais.*, fᵒ 4 (*Cartul.*, fᵒ CC) & l'*Extrait*, fᵒ 5.

(1) Gui (*Guido*), prévôt du Puy, était évêque de Valence en 993 (LABBE, *Biblioth. mff.*, t. II; — cf. COLUMBI, *Opufc. var.*, p. 252). Le Cartulaire de Saint-Barnard (ch. XI, déjà inférée par D. MARTÈNE dans fon *Thes. nov. anecdot.*, t. IV, p. 75) nous le montre en 994 autoriſant par fa préſence la confirmation des priviléges de l'abbaye de Romans par l'archevêque de Vienne Thibaud. — Guigues (*Guigo* ou *Vuido*) reçut en 1016 du pape Benoit VIII une lettre miſe au jour par DUCHESNE (*Script. rer. Franc.*, t. IV, p. 169) & réimprimée dans la *Patrolog. lat.* (t. CXXXIX, col. 1691); il aſſiſta en 1025 au concile d'Anſe (LABBE, *Concil.*, t. IX, c. 859).

(2) L'évêque Lambert, frère du comte Aimar (de Valentinois), donna, le 14 mars 1011 (1012 n. ſt.), le *lieu* de Saint-Victor près de Valence aux Bénédictins de Saint-Chaffre (*Cartul.* inéd. de cette abbaye, liv. III, p. 24; cf. COLUMBI, *ibid.*)

(3) La *Bibliothèque facrée* & M. MARION, fondés fur l'ancien *Gallia Chriſtiana* (t. II, col. 1111), parlent d'un Humbert Iᵉʳ, fils de Gui, comte d'Albon, évêque en 991, qui, d'après CATELLAN (p. 217), ne ferait autre que Lambert qui précède. — D'après COLUMBI (*ibid.*, p. 253), Humbert II fuccéda à Guigues en 1025 & alla à Rome en 1027.

(4) Voir fur l'évêque Gontard, ch. II, n. 2.

(5) Euſtache, chanoine du Puy, fut élevé fur le ſiége de Valence en 1111 (ODON DE GISSEY, *Difcours hiſtorique de la très-anc. dévotion de N. D. du*

Puy en Velay; Lyon, 1620, in-12, liv. X, ch. 13). En 1134 il affifta à
l'abfolution du dauphin Guigues par le légat Hugues (*Cartul. de Saint-
Barnard*, ch. 285, déjà publiée par D. MARTÈNE, *Thes. nov. anecdot.*,
t. I, p. 380; — cf. COLUMBI, *Opufc. var.*, p. 253). La lettre que lui
adreffa l'abbé de Clairvaux (S. BERNARDI *epift.* 185) produifit-elle fon effet ?
Il donna, comme évêque & comte de Valence, exemption des droits de leyde
à l'abbaye de Léoncel, fondée en 1137. Il eut pour fucceffeur faint Jean Iᵉʳ.

(6) Bernard, placé communément en 1154, confirma les privilèges ac-
cordés par fes prédéceffeurs aux moines de Léoncel, par une charte fans
date (COLUMBI, *Opufc. var.*, p. 256).

(7) Var. *Gerutio*.

(8) Bernard, natif de Valence en Dauphiné, fut d'abord chapelain de
l'évêque du Puy Adhémar, dit de Monteil, frère de Lambert-François de
Royans (*Cartul. de Saint-Barnard*, ch. 169), légat du pape à la première
croifade : nommé à l'évêché d'Arthafie en Syrie (non Arta en Épire, comme
le dit CATELLAN, *op. cit.*, p. 232); il fut transféré, au mois de juin 1100,
au fiége patriarchal d'Antioche qu'il occupa 36 ans, & mourut l'an 1135
(*Art de vérifier les dates*, édit. Migne, col. 583).

VIII.   1184-7.

[*Carta Eustachii præpositi Valentiæ*]*.

Item (habemus) quandam aliam cartam incipientem :
Ego Heuftachius, & finientem : munivit; nullamque datam
habentem, partim continentem fine alia re contenta in carta
fupra proxime mentionata [1].

(*) Extrait tiré de l'*Invent. rais.*, fᵒ 4 vᵒ (*Cartul.*, fᵒ CCI).

(1) Voir ch. VI.

IX.   1188.

[*Carta de donatione et confirmatione Eustachii*]*.

(Habemus) quandam cartam feu inftrumentum continentem donationem & deinde confirmationem quas fecit

ecclefiæ præfatus Heuftachius præpofitus & abbas inclytæ recordationis, ultra alia contenta in altera carta fupra proxime mentionata.

Primò dedit tenementum Bozonis de Burgo, quod idem præpofitus acquifierat de fuo amendo ab heredibus ipfius Bozonis, feudatariis fuis & etiam omne jus & dominium quod in eodem tenemento habebat. — Item omne jus & dominium quod habebat a dicta domo Bozonis ufque ad furnum abbatis, ut claudit cymiterium parte occidentali, & a furno parte orientali terminatum ante portam ecclefiæ. — Item ecclefiam Sancti Apollinaris[1] una cum dominio fitam juxta Rodanum cum fuis pertinentiis. — Item ut liceat canonicis vendere bannum[2] duobus menfibus julio & augufto. — Item fi quid hactenus ecclefia habuerit a feudatariis ipfius præpofiti confirmavit. — Item & fi quid in futurum ab eifdem acquifierit, aut ipfi Deo infpirante aliquid ecclefiæ dederint, authorizavit ad licentiam retinendi vel faltem poft appellationem fuam infra duorum annorum fpatium vendendi.

Verum hanc cartam five donationem Falco epifcopus Valentiæ[3] & etiam idem præpofitus per impreffionem figillorum fuorum confirmaverunt, anno M° clxxxviij°.

(*) Extrait tiré de l'*Invent. rais.*, f° 5 (*Cartul.*, f° CCII); il eft fuivi de l'indication fuivante :

Eft autem verum quod Ecclefia habet unam copiam hujus cartæ fub figillis B. Archiepifcopi Ebredunenfis & P. fuccentoris Parifienfis[4].

---

(1) Cette églife, fituée près et au-delà du Rhône (ch. XIII) en Vivarais, était primitivement du fief de l'abbé du Bourg. Ponce Galatei, qui la détenait injuftement, la reftitua à l'églife de Saint-Pierre de fon propre mouvement, *de judicio anime fue* (ch. XIX).

(2) *Banvin*, privilége du feigneur du fief de vendre fon vin privativement à tout autre.

(3) Les hiſtoriens de l'égliſe de Valence font partir de 1189 le pontificat de Falcon ou Falques, & mettent ſa mort le 2 janvier 1199, d'après le nécrologe de Saint-Ruf : ces deux dates font inexactes. Nous poſſédons une dizaine de chartes inédites de cet évêque, outre celles où il ne figure que par l'appofition de ſon ſceau : fur ce nombre trois font de l'année 1188, *ſecundo anno pontificatus ipſius*, dit l'une d'elles; 1197 était la dixième : ſon élection date donc de 1187. D'autre part, M. GIRAUD a publié en *fac-ſimile* (*Eſſai hiſtor.*, 1re p., p. 236) une charte de cet évêque datée du 3 des calendes de février 1199 (30 janvier 1200, n. ſt.), *XIe anno pontificatus ipſius* : en aucun cas il ne peut être mort le 2 janvier 1199.

(4) Voir ch. I, n. 10 & 11.

X.   28 décembre 1189.

[*Bulla confirmationis Clementis III papæ*]*.

(Habemus) Bullam Clementis papæ III confirmantem omnia in dicta bulla Alexandri papæ II[1] contenta, adjiciens etiam iſtam clauſulam de ſepulturis, inquiens :

Prohibemus etiam ne parrochianos veſtros quiſquam ad ſepulturam ſeu converſionem, niſi ſalvo iure eccleſie veſtre, recipere audeat aut retinere[2].

Decrevit ergo ut ſi quis hoc infringerit, indignationem Dei & beatorum Apoſtolorum Petri & Pauli ejuſque ſe noverit incurſurum. Datum Romæ apud Sanctum Petrum, Vo kalendas januarii, pontificatus ſui anno iijo[3].

(*) Analyſe & extrait tirés de l'*Invent. rais.*, fo 2 vo (*Cartul.*, fo CCV).

(1) Voir ch. II.

(2) Le pape confirme à l'égliſe du Bourg deux anciens droits. Tous les fidèles ont la faculté de choiſir le lieu de leur ſépulture (*Decretal. Greg.*, lib. III, tit. XXVIII, *de ſepulturis*, cap. 1 ſqq. : *Corp. Iur. can*, t. II, col. 510); mais il eſt juſte que celui qui veut être enterré hors de ſa paroiſſe acquitte la dette de reconnaiſſance qu'il a contractée envers l'égliſe qui a pris foin ſpirituel de lui : c'eſt ce qu'on appelle la *quarte funéraire* ou *canonique*

(ibid., cap. 8, ubi fupra, c. 513). D'autre part : *qui convertitur ad monaf-
terium medietatem bonorum quæ pro anima fua difpofuit, tenetur relin-
quere ecclefiæ parrochiali (ibid. cap. 2, fumm., c. 511).*

(3) Clément III fut élu pape à Pife le 19 déc. 1187, & facré le lendemain.
Nous le trouvons au palais de Latran le 25 nov. 1189 & le 6 février 1190.

XI.   1191.

De compofitione facta inter ecclesiam Sancti Petri de Burgo et domum sancti Sepulcri[*].

Notum fit prefentibus ac pofteris ad quorum notitiam
prefens fcriptura pervenerit, quod orta fuerat controverfia inter canonicos ecclefie Sancti Petri de Burgo & fratres
Hofpitalis sancti Sepulcri[1], pro eo quod Burgenfes canonici
habebant parrochianos & parrochialia[2] in domibus que funt
ante domum Hofpitalis & in conductitia eiufdem hofpitalis
familia[3] : que utique ad plenum habere non poterant. Hinc
erat quod pro parrochianis & parrochialibus fepe emerge-
bant calumpnie, fepe oriebantur contentiones & rixe inter
Burgenfes canonicos & fratres Hofpitalis. Vnde ad pacis &
concordie ftabilem firmitatem habendam in pofteros, & ne
difcordie feminarium iam exorte de feftuca truncum addu-
ceret, omnis hec controverfia per manum domni Falconis
Valentini epifcopi, affiftentibus fibi Lamberto decano & El-
denone Valentino canonico, amicabili compofitione in hunc
modum terminata eft. Guigo de Sancto Romano Burgenfis
ecclefie prior & ceteri eiufdem ecclefie canonici, Petrus cantor, Rico de Stella, Defiderius Penchenatz, Willelmus
d'Aleifa, Latgerius, Petrus de Montilifio, Umbertus de
Belregart, Durantus de Torno, Chatbertus de Cozau, lau-

daverunt, donaverunt & in perpetuum concefferunt di&i
(*fic*) fratribus Hofpitalis ius parrochiale, exceptis decimis
in territorio del Muret[4], prout clauditur cimiterio Hofpitalis
& via Romanenfi, & via que eft fuper molendinum d'Arcs,
& via ab aquilone que ex tranfverfo refpondet iftis duabus
viis. Hoc tamen fcito quod Burgenfes canonici in pretaxato
loco, fcilicet del Muret, retinent fibi omnem cenfum & decimas
& omne ius dominii quod ibidem antea habebant, prout
habent in ceteris ecclefie fue rebus, excepto in olchia que eft
iuxta cimiterium Hofpitalis, que fe habet ad IIII[or] fextariatas
terre, & excepto loco in quo erant domus ante domum Hofpitalis, ficut clauditur via publica turris d'Aionis[5] & via que
ducit ad fontem San&i Petri ufque ad alveum : ibi enim non
habebat ecclefia San&i Petri cenfum nec decimas nec aliquod
dominium, nifi ius parrochiale tantum quod plenarie dedit
ecclefia San&i Petri Hofpitali. Donant etiam Burgenfes
canonici & in perpetuum concedunt fratribus Hofpitalis
fan&i Sepulcri, ut eorum capellanus qui in omnibus feftis in
quibus figna pulfantur duppliciter, in choro Burgenfi cen-
fualiter matutinali officio & miffe maiori intereffe debebat,
ex nunc in antea libere & quiete remaneat, excepto quod in
Ramis Palmarum, & in die Pafche, & in tribus diebus Roga-
tionum, & in die Pentecoftes & in fefto fan&i Apollinaris,
ifdem capellanus Hofpitalis cum fuo crucifero in fignum
fubie&ionis cum Burgenfi proceffione[6] ibit Valentiam, nec
licebit ei aliquo modo memorate pa&ionis terminos tranfilire;
fimiliter & in die Afcenfionis ifdem capellanus cum fuo crucifero Burgenfi proceffioni intererit : in omnibus his feftis
accipiens fibi & clerico fuo de beneficio Burgenfis ecclefie
prout accipit corarius & fubcorarius[7]. Sciendum preterea
quod canonici ecclefie San&i Petri de Burgo pro iure parrochiali quod in di&is locis ecclefie fan&i Sepulcri concefferunt
& pro remiffione capellani, ab eadem x. folidos accipient
cenfuales in feria III. Pafche; fimiliter & III. libras cere in

vigilia beatorum Apoſtolorum Petri & Pauli, quas ibidem iam acceperant a tempore quo Burgenſis eccleſia locum in quo conſtructa eſt eccleſia sancti Sepulcri conceſſerat fratribus Hoſpitalis. Hoc totum laudavit & conceſſit ex parte Hoſpitalis Dalmatius, qui tunc temporis erat preceptor per Viennenſem epiſcopatum & Valentinenſem, qui etiam ſigilli ſui impreſſione preſentem paginam roboravit, aſſiſtentibus fratribus Petro Garnerii magiſtro Valentinenſi, Bornone de Monteilz, Nicholao capellano, Johanne d'Aiſerant, Syſbodo, Ademaro de Cuveira, Pontio d'Ai, Petro Ademart, Blanchino, Nicholao Pairoler, Petro Deſiderii. Teſtes vocati ſunt Burgenſes clerici : Algiſius de sancto Romano, Algiſius de sancto Valerio, Willelmus Berengarii, Pontius d'Andaloc, Petrus de Chivo, Willelmus Cellarers, Martinus, Petrus Boſoni, Umbertus de la Balma, Giraldus de Gavaiſanb, Johannes Cigotz, Umbertus Badola, Petrus de Chaiſſa, Poncius Auriols, Petrus Silvio. Vocati ſunt etiam laici : Petrus Cellarers, Lambertus de sancto Nazario, Raimundus Otgerii, Petrus de Salas, Willelmus Guidonis. Acta ſunt hec in Burgenſi capitulo, aſſenſu Falconis Valentini epiſcopi, qui preſentem paginam ſigilli ſui auctoritate ſimul & teſtimonio confirmavit, pontificatus ſui anno IIII[to], ſedente in Urbe Clemente papa III°. Conſequenter ad maiorem firmitatem habendam in poſterum auctorizata eſt preſens ſcriptura impreſſione ſigilli eccleſie Sancti Petri de Burgo. Hoc totum laudavit Bertrandus d'Ameillan prior sancti Egidii[8] & ſigilli ſui munimine confirmavit, anno Verbi Incarnati M° C° LXXXX° I°.

(*) Tranſcription de l'original, charte-*partie* dont les deux exempl. étaient diviſés par les lettres A à Q : le parchemin marqué BBB a 25 lig., les *e* y ſont cédillés; il a eu quatre ſceaux dont il ne reſte que la trace.

(1) La commanderie des Hoſpitaliers de Valence (*præceptoria Sancti Vincentii prope & extra muros civitatis Valentiæ*) conſiſtait en une égliſe & un couvent, où vivaient, ſous la conduite d'un commandeur (*magiſter*), pluſieurs chevaliers, des donats, un ſacriſtain & des ſœurs de l'ordre de

Saint-Jean de Jérufalem : l'emplacement de l'églife lui avait été concédé par l'églife du Bourg, qui y réclamait des droits paroiffiaux; les bâtiments furent rasés par les troupes du baron des Adrets en 1561. Elle dépendait du précepteur des diocèfes de Vienne & Valence. Les fouvenirs que cet établiffement a laiffés font peu nombreux & épars en divers fonds : nous publierons en *appendice* les chartes les plus anciennes.

(2) On nommait fpécialement *parrochialia* les facrements dont l'admi-niftration était réfervée au curé (*parochus*).

(3) Serviteurs à gages de la commanderie, ne faifant pas partie de l'ordre.

(4) *Muret*, quartier fous Château-Mouchet.

(5) Tour d'Aion, dont on fit le nom de la porte de *Tourdéon*.

(6) Ces proceffions folennelles, qui réuniffaient plufieurs communautés religieufes de Valence, donnèrent lieu à des abus auxquels il fallut remédier ; le monaftère de Saint-Ruf qui était tenu d'y affifter s'en fit plus tard dif-penfer par le pape Urbain V, ainfi que les prieurés de Saint-Félix & de Saint-Victor de Valence (20 juillet 1365).

(7) Enfant de chœur, non *correarius*.

(8) Saint-Gilles, monaftère de Bénédictins fondé au diocèfe de Nîmes vers 514, fous le vocable de faint Gilles & de faint Pierre.

XII.   1er avril 1192.

[*Bulla Celestini III papæ pro jurisdictione et possessionibus*]*.

CELESTINUS epifcopus, fervus fervorum Dei, dilectis filiis Guigoni priori & fratribus Sancti Petri de Burgo Va-lentie, falutem & apoftolicam benedictionem. Ea que a nobis rationabiliter poftulantur digno complere debemus affectu , & vota que a rationis tramite non difcordant pie funt & liberaliter admittenda. Eapropter, dilecti in Domino filii, veftris iuftis poftulationibus grato concurrentes affenfu, apoftolica vobis auctoritate concedimus, ut fi quis de clericis veftris Capitulo fuo inobediens fuerit liceat vobis eum quam-diu in contumatia permanferit, per interdicti fententiam & beneficii fubtractionem donec refipuerit, appellatione remota punire. Ad hec etiam donationes, conceſſiones, permutationes & remiſſiones a Valentinis Epiſcopis & Abbatibus veſtris rationabiliter eccleſie veſtre collatas & hactenus obſervatas, ratas habemus & illibatas vobis precipimus obſervari. Specialiter quindecim dies banni menſis auguſti[1], remiſſionem candelarum & conceſſionem avene cenſualis quam percipere ſolebat Abbas veſter in manſis que ad vineas plantandas donantur; decimas etiam in loco qui dicitur Mariſcus & iuriſdictionem quam habebat in hominibus eccleſie qui de homicidio, adulterio, periurio, proditione & crimine perduellionis rei habebantur, & quod de feodis Abbatum cum eorum aſſenſu eccleſie veſtre collatum eſt a feodatariis : hec omnia vobis ſicut iuſte & pacifice poſſidetis, auctoritate apoſtolica confirmamus & preſentis ſcripti patrocinio communimus. Obeunte vero te nunc eiuſdem loci Priore vel tuorum quolibet ſucceſſorum, nullus ibi qualibet ſubreptionis aſtutia ſeu violentia preponatur, niſi quem fratres communi conſenſu vel maior pars conſilii ſanioris ſecundum Dei timorem & ſtatuta canonum[2] duxerint eligendum. Nulli ergo omnino hominum liceat hanc paginam noſtre conceſſionis ſeu confirmationis infringere vel ei auſu temerario contra ire. Si quis autem hoc attemptare preſumpſerit, indignationem Omnipotentis Dei & beatorum Petri & Pauli Apoſtolorum eius ſe noverit incurſurum. Datum Laterani, kalendas aprilis, pontificatus noſtri anno primo[3].

(1) Texte pris ſur l'original, coté n° 13, parchemin de 20 lig., au bas duquel pendent quelques fils de ſoie jaune. Pluſieurs copies en ont été priſes. L'Invent. rais. en contient (f° 10) une analyſe (tranſcrite dans l'Extrait, f° 2), qui en fait ſentir l'importance : Bulla Celeſtini papæ III multum pregnans in verbis ſubſtantialibus continens effectualiter sex capita :.... de clericis inobedientibus....; confirmatio donationum....., banni.....; rurſuſque confirmavit duas cartas Heuſtachii præpoſti pro eccleſta optimas (ch. VI & IX)..... de electione prioris,.... comminationes. — Elle eſt ſuivie de cette note :

Duo vidimus hujus bullæ habet eccleſia, quorum unum recepit magiſter Andreas Champelli ſub anno Domini M°

CCC° Lx° tertio, prima augufti; aliud vero fecerunt archiepifcopus Ebredunenfis & fuccentor Parifienfis, tamen nullam
datam habet.

(1) Cette bulle reftreint le droit de *banvin*, accordé en juillet & août par
le prévôt Euftache (ch. IX).

(2) Cap. 21, tit. VI, *de electione & electi poteftate*, lib. I *Decret. Greg.*
(*Corp. Iur. can.*, t. II, c. 51-2).

(3) Céleftin III fut élu pape le 30 mars & facré le 14 avril 1191. Le jour
même de la date de cette bulle, il adreffa de Latran à l'archevêque de
Vienne une lettre en faveur des Chartreux (*Privil. ord. Carthus.*, f° 3ᵇ).

XIII.   3 avril 1192.

[*Bulla Celestini III de ecclesiis et juribus parrochialibus*]*.

Vidimus Bullæ Celeftini papæ tertii qui in alia præcedenti
multa bona ecclefiæ Sancti Petri de Burgo fecit, etiam plu-
rima alia bona fecit eidem ecclefiæ in fequenti Bulla.

In primis eandem ecclefiam Burgi fub protectione fua
fufcepit. — Item ftatuit quod omnes poffeffiones & quæcumque alia bona quæ eadem ecclefia in præfentiarum
poffidet aut in futurum poffit adipifci priori & canonicis
Burgi fuccefforibufque fuis illibata permaneant; in quibus
hæc duxit exprimenda : præfatam ecclefiam Burgi, cum
decimis, poffeffionibus & aliis pertinentiis; ecclefiam Sancti
Thomæ¹, ecclefiam Sancti Andreæ apud Caftrum Novum
Ifaræ², ecclefiam Sanctæ Mariæ de Marnaudo³, ecclefiam
Sancti Joannis Caftribuxi⁴, capellam Sancti Petri Caftribuxi,
capellam Sancti Nicolai Roche⁵, ecclefiam Sancti Georgii⁶,
ecclefiam Sancti Saturnini⁷, ecclefiam Sancti Petri de

Juvet [8], ecclefiam Sancti Apollinaris extra Rodanum [9], ecclefiam Sancti Marcelli de Javeyfano [10], ecclefiam Sanctæ Mariæ de Colombario [11], domum Helemofinæ Burgi [12]; & tertiam partem lefdæ [13] carnium in macello Valentiæ, & totam lefdam carnium in macello Burgi. Libertates quoque & immunitates conceffas, antiquas confuetudines hactenus obfervatas habuit ratas & perpetuò illibatas permanere voluit. — Item interdixit ne aliquis conftituat ecclefiam aut oratorium infra terminos parrochiarum ipforum prioris & canonicorum. — Item...... interdictum..... (*fic*). — Item fepulturam quoque Burgi liberam effe decrevit. — Item ftatuit quod nullus ad fepulturam parrochianos Burgi admittat, nifi falva priori & canonicis in teftamento canonica portione [14]. — Item quod moriente priore Burgi, nullus alius ibi præponatur nifi quem canonici duxerint eligendum. — Item decrevit quod nemo ecclefiam Burgi turbet aut ejus poffeffiones auferat & ablatas retineat.

Poftremò dedit omni creaturæ maledictionem contravenienti contra hanc conftitutionem. Datum Lateranen., iijº nonas aprilis, indictione decima, Incarnationis Dominicæ anno millefimo centefimo nonagefimo fecundo, pontificatus vero domini Celeftini papæ tertii anno primo.

(*) Extrait tiré de l'*Invent. rais.*, fº 9 : il a été fait fur un *vidimus*, ce qui fait croire que l'original était perdu. On reconnaît à la formule de la date que c'était une bulle folennelle ; elle eft précieufe pour les indications qu'elle donne fur les anciennes dépendances de l'églife du Bourg.

(1) *Saint-Thomas* : d'après M. Lacroix, qui a bien voulu nous aider de fes lumières pour la partie géographique, cette églife devait fe trouver, comme la fuivante, à Châteauneuf-d'Ifère.

(2) Châteauneuf-d'Ifère, canton du Bourg-de-Péage; ce lieu reconnaît actuellement pour patron faint Thomas, & on honore comme fecondaires faint Hugues & faint Roch.

(3) L'églife de Sainte-Marie *de Marnau* figure dans une charte du commencement du XIIIe fiècle, par laquelle Humbert de Châteaubourg lui donne divers revenus *fuper portum Confluentis* (Cartul. de Saint-Félix); elle était fituée près du confluent de l'Ifère & du Rhône.

(4) Châteaubourg en Vivarais faifait avant la Révolution partie du diocèfe de Valence, archiprêtré de Saint-Sylvestre; il continua même après l'union du chapitre du Bourg à celui de Saint-Apollinaire d'être fous le patronage de la manfe de Saint - Pierre : la chapelle dédiée à saint Pierre n'eft mentionnée dans aucun rôle.

(5) Il doit s'agir ici de la Roche-de-Glun, à 7 kilom. de Valence, quoique le pouillé de 1548 & celui de 1729 ne faffent mention d'aucune chapelle dédiée à saint Nicolas dans cette paroiffe.

(6) Saint-Georges en Vivarais, dans l'archiprêtré de Saint-Sylveftre (dioc. de Valence); le prieur de ce lieu eft taxé aux décimes de 1548 pour 46 livres. — Notons qu'un hameau de ce nom, entre la Roche-de-Glun & Tain, eft furmonté d'une croix, dans la carte de Caffini.

(7) Il exiftait trois paroiffes du nom de Saint-Sorlin au diocèfe de Vienne; dans celui de Valence, Eymeu avait auffi pour vocable faint Satufnin; cependant cette localité paraît avoir été fur une des rives du Rhône.

(8) Saint-Pierre de *Juvet* ou *Juivet* figure dans des lièves du XVIe & du XVIIe fiècles, comme faifant partie du mandement de Durtail : il était entre cette localité & Cornas.

(9) Voir ch. IX, n. 1.

(10) *Javeyfans*, d'après les lièves indiquées, fe trouvait près de Saint-Marcel-lès-Valence (voir encore ch. XLI).

(11) Quoique Colombier-le-Jeune en Vivarais (*Columbarium Juvenis, ex parte Regni*), dans l'archiprêtré de Saint-Sylveftre, fut, en effet, fous le vocable de la sainte Vierge, nous opinons à croire qu'il s'agit ici de Notre-Dame-du-Colombier (*ecclefia sanctæ Mariæ de Colombario*), qui fut inféodée en 1201, avec fes terres, cenfes, décimes & droits paroiffiaux, aux religieufes Cifterciennes de Vernaifon par les chanoines du Bourg.

(12) Voir ch. VI, n. 12.

(13) Droits prélevés fur les boucheries de Valence et du Bourg.

(14) Voir fur la portion canonique ou *quarte funéraire*, ch. X, n. 2.

XIV. décembre 1192.

[*Carta Falconis episcopi Valentini*] *de privilegio portus*[*].

SICUT ea que congruunt rationi & temporum antiquitate corroborantur, in fua debent ftabilitate fervari, fic nove

adinventiones que contra ius emerferint & priftinam confuetudinem impedire videntur, de iure funt refecande. Eapropter ego Falco, Dei gratia Valentinus epifcopus, per
prefentem cartam figillo meo fignatam tam ad prefencium
quam futurorum noticiam tranfmittere dignum duxi, quod
cum ecclefia Sancti Petri de Burgo, & Bernardus de Belregart[1] & participes fui qui nomine eiufdem ecclefie portum
de Burgo tenent, adverfus quofdam navigatores in confinio
Rodani conftitutos iuftam fatis querelam proponerent, eo
quod preter folitum ad hominum & lignorum & aliarum
plurium rerum multitudinem afportandam, navigia plus
debito magna parantes, eiufdem portus fibi redditus ufur-
pare; tandem bone opinionis viris afcitis, ex eorum tefti-
monio inftructus, pretaxatam querimoniam terminare & ei
debitum finem imponere cum confilii maturitate curavi.
Quoniam igitur cum dampno alterius nemo locupletari
debet[2], idcirco decerno & fub pena v. folidorum & dimidii
ftatuo & ftatuendo prohibeo, ne quifpiam de fupradictis
navigatoribus lucri caufa navigium teneat, unde eiufdem
portus aliquatenus iura debita minuantur. De cetero pifcatoribus interdico, ut non alia navigia teneant nifi ea cum
quibus foliti funt pifcari, in quibus non ultra quam v. vel
vi.[3] homines, non quadrupedia, non fetam, neque mel,
neque aliquarum rerum farcinas duas, non Lombardos[4],
neque Limina Sanctorum[5] petentes vel ab eis redeuntes,
neque merces portantes recipere prefumant, nec a partibus
medianorum afportare ligna vel aliqua talia que fuperius
prohibentur. Suftineo tamen ut fi quando Rodanum tranfire
voluerint, & lignorum vel carbonum vel cinerum farcinu-
lam vel fructus arborum aliquis portans advenerit, in navigio
fuo recipere liceat. Volo iterum ut idem portus ius fuum in
omnibus & per omnia folitam habeat libertatem. Preterea
concedo ut a loco qui dicitur manfus Saramannorum ufque
ad ingreffum medianorum, naute eiufdem portus ius &

poteſtatem utrobique habeant applicandi & faciendi quicquid
a[d] uſus ſuos neceſſe fuerit. Et ſi forte ventorum vel aquarum impetus navem vel navigia eiuſdem portus ſic impulerit
ut aliquis inde dampnum ſuſtineat, non ſtatim eiſdem nautis
penam inferat, ſet pro mandato meo ſatisfaĉtionem recipiat.
Faĉta ſunt hec anno ab Incarnatione Domini M° C° XC°
IJ°, menſe decembri, in aula pontificali. Teſtes ſunt : Pe. de
Torno, C⁹ Sˡ Rˡ⁶, Dur. de Torno, L. baiulus, W. de Alexiano, Po. de Andaloſco preſbiter, Pe. de Chaiſſa clericus,
W. nepos Ber. de Belregart, Vincencius piſcator, Bontoſus
⁷de Segularia, Bontoſus Raiacia, Salvaniacus, Deſiderius,
piſcatores.

Ego Jacobus domni epiſcopi notarius⁸, quinto anno pontificatus ipſius, preſentem cartam mandato eius ſcripſi.

(*) Texte tiré de l'original, coté n° 35, parchemin de 23 lig., avec fragment du ſceau de l'évêque Falcon, pendant ſur lemniſque. Le dos contient
cette note : *Litera portus Rodani, continens quod nemini liceat tenere
navigium in confinationibus portus Rodani cauſa lucri, unde aliquathenus
jura diĉti portus minuantur; item quamvis piſcatoribus liceat tenere navi-
culas pro uſu piſcandi tantum, tamen non debent recipere, etc.* — Cette
charte fut vidimée le 6 mars 1312 par Jean d'Annonay, official de Valence.

(1) Bernard de Beauregard tenait en fief la totalité du port du Rhône à
Valence, ſavoir : la moitié de l'égliſe du Bourg (ch. XIV), un quart
d'Adalbert de Cruſſol (ch. XX) & le reſtant de Guillaume de Cruſſol (ch.
XXI); il fit par motif de piété donation de la moitié du *villenage* qu'il y
avait au chapitre de Saint-Pierre (*ibid.*). Sur ſa femme Sazie, qui s'aſſocia
à ſes libéralités, voir ch. XX, n. 3 . — Un Humbert de Beauregart, chanoine du Bourg, a déjà figuré comme témoin en 1191 (ch. XI); un
membre de la même famille, Pierre, l'était en 1223 (ch. XXXII); la même
année, un Guillaume de Beauregart eſt qualifié *junior miles* (*ibid.*).

(2) Règle de droit naturel formulée par le pape Benoit VIII & inſérée au
titre *de Regulis juris*, n° 48 (*Sexti Decret., Corp. Iur. can.*, t. II, col.
1039).

(3) L'original porta, croyons-nous, primitivement : vi. *vel* vij.

(4) Marchands Lombards, appelés dans d'autres chartes *Italici*.

(5) Suppléer *apoſtolorum* ou *locorum*. Nos chartes offrent pluſieurs
exemples de pélerinages.

(6) Ces initiales doivent ſignifier : *canonicus Sanĉti Ruſi*; & les autres :
Durandus, Lantelmus (ch. XVI); *Willelmus, Pontius, Petrus*, etc.

(7) L'abréviation qui fuit l'n de *Bontofus* demanderait pour lecture régulière : *Bonuflofus.*

(8) Ce notaire fut à la tête de la chancellerie épifcopale de Valence fous Falques & Humbert; il apparaît en 1188 & produit un grand nombre d'actes d'une rédaction remarquable pour l'époque, jufqu'en 1220.

XV.   8 mars 1207.

Compositio duorum litigantium .

Ne res gefta proceffu temporis revocetur in dubium, fcripturarum folet apicibus commendari. Eapropter cum inter Salvaignetum & Covenent uxorem Petri Correia controverfie mote fuiffent fuper quibufdam rebus que quondam fuerunt Ricarde uxoris Salvaigneti, videlicet tercia parte portus & domo quadam & vinea ; & hec omnia Covenenz, mortuo ipfius Ricarde filio in pupillari etate, ad fe pertinere dicebat racione confuetudinis que in civitate Valencia habetur [1], eo quod predicta Ricarda in tercio gradu confanguinitatis fibi coniuncta fuiffet; & econtra Salvaignetus omnia fupradicta fibi defenderet, tum ex eo quod hereditas filii fui ad eum pertinere debebat nulla obftante confuetudine, tum etiam quod Sazia uxor Bernardi de Belreguart uxori fue proximiore gradu parentele coniuncta fuerat : atteftationibus hinc inde receptis & cognitis tandem ad pacem & concordiam funt deducte. In primis prefata Covenenz de confenfu & voluntate mariti fui Petri Correia, & Salvaignetus & Sazia uxor Bernardi de Belreguart de voluntate ipfius, compromiferunt fuper predictis controverfiis fe ftare mandato & voluntati domni Jarentonis prioris de Burgo, & fibi fideiuffores idoneos preftiterunt, Covenenz Ademarum

Alamanni, Salvaignetus Bernardum de Belreguart, Sazia Petrum Cellerarii, ut quicquid ab ipſo vel ab alio ipſius nomine diceretur ratum & firmum inter ipſos permaneret, & ſe obſervaturos in perpetuum ſacramento preſtito promiſerunt. Ea propter ſupradiƈte controverſie a domno Jarentone priore, de conſilio Petri vicarii & magiſtri Ugonis & W. Arnaudi qui ſibi aſiſtebant, ſopite ſunt in hunc modum: Sazia terciam partem portus, ſuper quam queſtio mota fuerat, iure perpetuo habere debet & poſſidere abſque omni contradiƈtione prediƈtorum Salvaigneti & Covenent & ſuorum decetero ſucceſſorum, ut nichil iuris, nichil requiſitionis in prediƈto portu habeant, nec aliquam deinceps moveant queſtionem; prefata Covenenz domum habere debet, abſque omni contradiƈtione Sazie & Salvaigneti, & Sazia uxor Bernardi de Belreguart vij. libras & dimidiam in oƈtabis Reſurreƈtionis Domini ſibi ſolvere tenetur; Salvaignetus vineam habeat & quiete poſſideat, & utraque prediƈtarum Sazia & Covenenz L. ſolidos in eiſdem oƈtabis ſibi ſolvat. Hec autem compoſicio, prout ſuperius in ſingulis capitulis eſt expreſſa, ſub religione ſacramenti preſtiti & fideiuſſorum ſatiſdatione inviolabiliter iuſſa eſt obſervari, ut nullo iure, nulla racione ab aliqua parcium valeat retraƈtari in tempore ſubſequenti. Aƈta fuerunt hec anno ab Incarnatione Domini Mᵒ CCᵒ VIIᵒ, viijᵒ ydus marcii, in camera ipſius Jarentonis prioris, teſtibus intervenientibus: Chatberto, Vmberto, Johanne de Toloſa, Poncio d'Andaloſc, Petro Cellerarii, bono homine Mauricii, Raimundo de Platea, W. Ioram, Juvene Guarnerii, Ademaro Alamanni, Petro Correia, Bernardo de Belreguart, Raimundo Vitale. Inſuper ad perennem rei memoriam & ne preſens faƈtum valeat vacillare, de conſenſu & voluntate canonicorum Sanƈti Petri, preſens carta ſigilli Sanƈti Petri firmo munimine inſignita eſt.

(*) Texte tiré de son original, parch. de 23 lig., avec le sceau du Bourg
encore pendant sur cordon. Il porte au revers cette note explicative : *Ista
litera continet quod tercia pars portus Rodani pertinet Sayxie uxori Bernardi de Belregart, ex presenti pronunciatione facta per dom. Jarentonem
priorem S¹ Petri de Burgo super questione quam habebant de dicto portu
& certis aliis bonis retroscriptis, inter voc. Salvaygnetum & Covenent uxorem Petri Correya quibus fuerunt domus & vinea retroscripte adjudicate.....*

(1) D'après cette coutume valentinoise, l'héritage maternel, à la mort
des enfants, retournait à la famille de l'épouse défunte, à l'exclusion du
père. Voir sur la jurisprudence actuelle, *Code civil*, art. 746-8.

XVI.   15 avril 1209.

*Concordia de portu inter ecclesiam Sancti Petri
et Guidonem ac Aldebertum de Cruceolo* *.

NOVERINT universi ad quorum noticiam presens scriptum
devenerit quod, inter ecclesiam Sancti Petri de Burgo,
& Guidonem de Crucolio & Aldebertum fratrem eius, ad
cuius ius pertinebat quicquid pater eorum in portu de
Burgo habuerat, ut ex confessione ipsius Guidonis habe-
batur, super eodem portu de Burgo amicabilis est habita
inter ipsos composicio in hunc modum. Canonici ecclesie
Sancti Petri proponebant eandem ecclesiam habere plene
medietatem dominii in dicto portu, quod ab ipso Aldeberto
& Guidone fratre eius in dubium vertebatur. Set hac presenti composicione actum est inter ipsos ut, absque omni
contradictione ipsorum & successorum eorum, ecclesia deinceps plenarie habeat in perpetuum medietatem tocius dominii in portu & omnium proventuum que iure dominii
obveniunt, scilicet in laudationibus venditionum sive aliorum
contractuum, sive in omnibus placitamentis que quocumque
modo percipiuntur in portu. Plane, prout nominatus Aldebertus & Guido recognoscebant, ecclesia Sancti Petri

habebat in eodem portu ab antiquo xx. & v. folidos cenfuales; & ipfi dicebant fe habere in portu xiji. folidos
cenfuales, & vi. fextarios falis & vi. reftes alliorum & vi.
reftes unionum, & x. denarios pro fotularibus ad 'opus
baiuli, & quartaironem¹ unum & dimidium piperis, & un-
ciam & dimidiam cinnamomy², quod ita effe ex toto ecclefia
Sancti Petri non concedebat. Super hoc taliter diffinitum
eft : ecclefia Sancti Petri iure perpetuo habebit fibi de predictis xiji. folidis iji. denarios, & de predictis vi. fextariis falis
quos ipfi fe habere dicebant, habebit ecclefia iji. fextarios, &
iji. reftes alliorum & iii. reftes unionum, & de predictis x.
denariis qui folebant dari pro fotularibus v. denarios, de car-
tone³ piperis & dimidio & de uncia cinnamony & dimidia,
medietatem per totum. Hec omnia fupradicta cum medietate
tocius dominii in portu, ficut fuperius⁴ expreffum eft, laudaverunt & concefferunt prefate ecclefie dictus Aldebertus
& Guido in perpetuum ut, abfque contradictione ipforum
& fuorum decetero fuccefforum, prenominata ecclefia fupradicta in pace habeat & percipiat. Et hec omnia Aldebertus,
ad quem pertinebat quicquid iuris pater ipfius in dicto
portu habuerat, iuramento preftito firmiter comprobavit
ut a fe & fucceforibus fuis perpetuis temporibus inviolabiliter obferventur. Verum ecclefia Sancti Petri xx. libras,
quas habebat in portu pro gatgeria in parte ipfius Aldeberti,
eidem remifit; infuper xijij. libras Valentine monete⁵ eidem
Aldeberto donavit, de quibus Guido ijij. libras habuit &
infuper xx. folidos ab ecclefia : & filius eius Geraldus, qui
omnia fupradicta laudavit in manu Chatberti facerdotis &
canonici & eidem ecclefie extitit fideiuffor, xx. folidos habuit
ab ecclefia; et Petrus Malleni, qui huius rei extitit mediator,
x. folidos habuit ab ecclefia. Et fi aliquam querimoniam
contra ecclefiam poffent proponere Aldebertus & Guido,
occafione perceptorum reddituum ex gatgeria, omnimodo
finierunt, ita ut decetero nullo modo fuper hoc ecclefia valeat

conveniri ab ipfis vel fuccefforibus eorum. Sciendum etiam quod, de refectione que fingulis annis debetur duobus portonariis eiufdem portus, actum eft ut in refectione unius hominis medietatem preftet ecclefia, medietatem dictus Aldebertus. Hec autem, prout⁶ in fingulis capitulis funt expreffa, affiftentibus huic facto ex parte ecclefie Willelmo Arnaldi, Guigone Bernardi, Bertrando de Stella, Chatberto de Burgo, Willelmo Berengarii, canonicis Sancti Petri, ab utraque parte gratuito funt recepta; in prefentia domini Vmberti Valentini epifcopi⁷ qui, ad preces Aldeberti & Guidonis, fupradicta laudavit & conceffit ecclefie in perpetuum. Acta funt hec apud Valentiam in camera domini epifcopi inferiori de turre, anno domini M° CC° VIJIJ°. C littera dominicali⁸, xvij. kalendas maii. Teftes interfuerunt Bertrandus de Stella, Willelmus de Bellomonte, magifter Vgo Bellicenfis, Guigo Bernardi, Willelmus Arnaldi, Chatbertus de Burgo, Willelmus Berengarii, Petrus de Sonna clericus, Bartholomeus baiuli filius, Petrus de Salis, Paganus de Crifta, Covidatus, Folco de Crucolio, Petrus Malleni. Infuper ad perhennem rei memoriam, de voluntate utriufque partis, facta eft prefens carta, figillo domini Vmberti Valentini epifcopi confirmata.

✠ Ego Jacobus domini epifcopi notarius, decimo anno pontificatus ipfius, prefentem cartam mandato eius fcripfi.

(1) Var. de la ch. fuiv. : *cartaironem*. — (2) Var. *cynnamomi*, cannelle.

(3) Var. *cartairone*. — (4) Var. *ſupra*.

(5) Le document le plus ancien, à notre connaiſſance, où il ſoit fait mention de la monnaie Valentinoiſe, eſt le *Cartulaire de Domène*, dans des actes du XIᵉ ſiècle (ch. 154, 165, etc.); les conceſſions impériales de Frédéric Iᵉʳ (1157, 1178, etc.) ne furent donc que la confirmation d'un droit reconnu. Au XIIᵉ ſiècle, les ſous de l'égliſe de Valence étaient reçus indifféremment pour ceux de Die (*Cartulaire* de cette égliſe, ch. XII de 1145, etc.) & de Vienne (*paſſim*) : pour les époques poſtérieures, les chartes qui en font mention ſont très-nombreuſes. — On peut conſulter ſur la numiſmatique des évêques de Valence : Tobiesen Duby, *Traité des monnoies des barons, prélats, etc. de France*, t. I, p. 32; — *Revue de Numiſmatique*, année 1836, p. 269, art. de M. Proncis, & an. 1844, p. 429, art. du doctᵉ Long; — *Revue du Dauphiné*, t. III, p. 58, art. du marquis de Pina; *ibid.*, p. 185, art. de J. Rouſſet; ibid., p. 246, art. de M. de Longpérier; — *Bulletin de la Société de ſtatiſtique*, etc., *de la Drôme*, 1842, t. IV, p. 71, art. de J. Rouſſet; — *Dictionnaire de Numiſmatique & de Sigillographie religieuſes*, éd. Migne, 1852, col. 1421; — Fauſtin Poey d'Avant, *Monnaies féodales de France*, in-4°, t. III. — (6) Add. *ſuperius*.

(7) Le bienheureux Humbert de Miribel, d'après les divers catalogues des évêques de Valence, ſuccéda en 1200 à Falques & mourut en 1220, le 29 avril, d'après l'*obituaire* de Saint-Ruf. Les chartes où figure ce prélat ſont aſſez nombreuſes; elles ne contrediſent en rien les données précédentes : ſon notaire Jacob ayant pris ſoin de nous indiquer les années de ſon pontificat, nous ſavons, par exemple, que 1209 était la dixième. D'autre part, ſon ſucceſſeur Géraud nous apparaît pour la première fois dans une charte du mois de janvier 1220 (1221 n. ſt.). — Le ſceau de l'évêque Humbert le repréſente vêtu en pontife; il eſt de forme ogivale, long de 5 cent., & porte en légende : ✠ SIGILLVM VMBERTI EPISCOPI VALENCIE.

(8) La lettre dominicale de l'année 1209 était D.

XVII.   13 février 1210.

Carta de portu *.

Noverint uniuerſi..... quod, inter eccleſiam Sancti Petri de Burgo & Willelmum de Cruſzolio, ſuper portu de Burgo amicabilis eſt habita compoſitio... (l. 12) contradictione

ipfius Willelmi & fuorum....... Verum ecclefia Sancti Petri
xxx. libras, quas habebat in portu pro gatgeria in parte
ipfius Willelmi, eidem Willelmo remifit; infuper & vij.
libras Valentine monete eidem Willelmo donavit. Et fi.......
Sciendum...... Acta fuerunt hec apud Burgum, in camera
Willelmi Arnaldi, prefentibus canonicis Sancti Petri, fcilicet
Willelmo Arnaldi & Vmberto tunc temporis procuratoribus,
prefentibus etiam Chatberto dicto de Burgo, Girberto &
Willelmo de Clairiaco capellanis, & Willelmo Berengarii,
Willelmo Cellarario, Bernardo de Bello Regardo, Boneto
de Gilloscho. Confequenter, ut fupradicta omnia maiori
gaudeant firmitate & nulla poffint in pofteros occafione perturbari, dictus Willelmus, in prefentia domini Vmberti
Valentini epifcopi, omnia prout.... recognovit & confirmavit, & promifit fe & fucceffores fuos bona fide obfervaturos,
Willelmo Arnaldi & Chatberto ex parte ecclefie ibidem
affiftentibus huic facto; &, ad preces ipfius prenominati
Willelmi, dominus epifcopus fupradicta laudavit prefate
ecclefie & in perpetuum confirmavit. Celebrata fuerunt hec
apud Valentiam, in fornello inferioris camere domini epifcopi, anno domini M° CC° IX°, menfe febroario, C littera
dominicali, idus febroarii. Teftes affuerunt magifter Vgo
Bellicenfis, Lantelmus baiulus, Willelmus d'Erbes miles,
Bernardus marifcalcus, Vmbertus de Drueftallo, Bernardus de Bello Regardo. Infuper..... ✠ Ego Jacobus..... decimo anno...... fcripfi & interfui huic facto.

XVIII. 5 juillet 1210.

Confirmatio privilegiorum portus facta per dom.
Humbertum episcopum.

GESTARUM memoriam rerum fideliter ſcripta ſervant. Idcirco ego Vmbertus, Dei gratia Valentinus epiſcopus, tam preſentis etatis quam future poſteritatis hominibus, notum facere dignum duximus quod, ſicut Falco bone memorie predeceſſor noſter Bernardo de Belregart portum de Burgo habere conceſſit ¹ ut ea perhenniter gaudeat libertate qua ² in carta ſigillo ſuo munita continetur, nos eidem habere laudamus &, ut illibatum perhenniter maneat, preſentem cartam ſigilli noſtri patrocinio confirmamus. Verum predictus Bernardus pontonarios debet habere fideles qui redditus portus fideliter percipiant & quod a tranſeuntibus aliquid extorquere non preſumant, niſi tantum ea que de iuſta conſuetudine in eo percipere ſolent dicti portus poſſeſſores, & ſi in aliquo deliquerint pontonarii, ex quo dictus B. vel ſui ſucceſſores certificati fuerint & infra menſem congrua ſatisfactione delictum non emendaverint, dictus B. & ſui ſucceſſores de tranſgreſſione & delicto tenebuntur : aliter vero prefatus B. nec ſui ſucceſſores a nobis ſive a ſucceſſoribus noſtris de delicto pontonariorum nullo modo poterunt conveniri. Hec autem laudacio & confirmatio facta fuit anno Incarnationis Dominice M° CC° X°, iji° nonas julii, indictione xiji, currente C littera dominicali, in camera inferiori de turre.

✠ Ego Jacobus domini epiſcopi notarius, xi. anno pontificatus ipſius, preſentem cartam mandato eius ſcripſi, ſedente in Urbe Innocentio papa III°, regnante Othone Romanorum imperatore[3].

(*) Tranſcription de l'original, parch. de 11 lig.; au bas pend un fragment de ſceau attaché par des fils de ſoie rouge & jaune. Le dos ajoute au titre : *Et ultra continet infra quod punitio pontoneriorum ſpeĉtat ad [illos] quorum eſt portus', & quod infra menſem ſi invenerit deliquiſſe pontonarios inſtituat juſticiam.*

(1) Voir la conceſſion de l'évêque Falques à Bernard de Beauregard, ch. XIV.

(2) *Que...... continètur,* ferait plus régulier.

(3) Les notes chronologiques ſont toutes exaĉtes. Othon IV, rival de Frédéric II, fut empereur du 27 ſept. 1209 au 19 mai 1218.

XIX.   septembre 1210.

Confirmatio et auctorisacio episcopalis
et archiepiscopalis omnium donationum, concessionum,
remissionum et permutationum ecclesie Burgi,
habitarum seu collatarum ab episcopis Valentinis
et prepositis Valencie ac abbatibus Burgi[*].

UMBERTUS, Dei gratia Valentinus epiſcopus, dileĉtis filiis priori & canonicis eccleſie Sanĉti Petri de Burgo, in perpetuum. Et ius habet & iuris equitas, exaudiantur ut preces petentium, quas commendat & pietas & honeſtas. Eapropter, dileĉti filii, veſtris iuſtis petitionibus annuentes, viſis & diligenter inſpeĉtis eccleſie veſtre auĉtenticis inſtrumentis, donationes, remiſſiones, permutationes, conceſſiones habitas ſeu collatas vobis a predeceſſoribus noſtris Valentinis epiſcopis & eccleſie veſtre Burgenſis abbatibus, & ſpecialiter ab Heuſtachio nunc temporis prepoſito Valentino & abbate

Burgenfi, vobis dignum duximus plenarie concedendas. De
quibus in prefentis fcripture ferie quafdam cenfuimus expri-
mendas, videlicet : remiffionem candelarum quas in ufu
abbatis ecclefia veftra folebat expendere, & conceffionem
avene cenfualis quam abbas vefter in quibufdam manfis &
cabannariis percipiebat quam diu fub annuo cenfu a culto-
ribus colebantur, in quibus ex quo ad plantandum vineas
dantur abbas percipere nichil debet; preterea donationem
trium folidorum & iii. afinatarum vini, cum iure & dominio
vinee que fuit Sazie apud territorium de Montaa; item
conceffionem iuris five dominii in hiis omnibus que Donnos
& filii eius veftre ecclefie donaverunt; confequenter &
conceffionem dominii in quadam domo & quodam cafali
& duobus ortis iuxta portam publicam inter careriam
& foffata, cum congregatione aquarum in eifdem foffatis;
fimiliter & dominium tenementi Fratrum Templi apud
Rodanum, iuxta tenementum Iohannis Glanduz; preterea,
permutationem, quam abbas vefter Heuftachius cum Guigone priore & ecclefie veftre canonico vifus eft habuiffe,
ratam & firmam inperpetuum volumus obfervari; quam
ne alicui pateat malignandi occafio in futurum prefenti
fcripto dignum duximus adnotandam: « Cum decime in loco
qui dicitur Marifcus ad ius abbatis fpectarent, necnon ho-
micide, adulteri, traditores, periuri & qui de crimine perduellionis convincebantur ad iurifdictionem ipfius abbatis
pertinerent, iam dictas decimas & idem ius five poteftatem
quam in talibus exercere folitus fuerat, eidem ecclefie in fuis
hominibus perpetuis temporibus habenda conceffit, ita fcilicet quod ius fuum in ecclefiam transferens in talibus de
cetero fuper homines ecclefie nullum ius habeat requirendi »;
item omnes tam clericorum quam laicorum perfonas, tam
in vita quam in morte, cum omnibus rebus fuis mobilibus
& immobilibus infra Burgum & extra que ad dominium
five ius ecclefie fpectant, & domum nominetenus pauperum

que Helemofinaria dicitur, iuxta factam permutationem, ab omnimoda exactione, vexatione, requifitione nomine fuo vel fuccefforum vel aliquorum pro ipfis facta, immunia, libera & abfoluta perpetuis temporibus omnimodo fieri voluit, ita fcilicet quod vel prior Burgenfis & eiufdem loci canonici eidem abbati & fuccefforibus fuis dederunt & concefferunt x. tenementa que funt a domo Confraternitatis ufque ad careriam, ubi viiii, folidos & v. denarios cenfuales percipiebant, necnon gatgeriam quam habebant a Bofone vicario infra Burgum & extra, videlicet domum, terciam partem molendini ad Arcus, & unum manfum apud Avojanum, & v. folidos cenfuales infra Valentiam & quicquid idem Bofo comune cum feudotariis habebat : que omnia pro xxx marchis argenti & x. libris eadem ecclefia obligata habebat. Hoc autem de antiqua confuetudine habetur, quod liceat tam hominibus abbatis quam hominibus ecclefie ad terram cuiufcumque voluerint fe transferre, & in quacumque domo five propria five conducticia manfionem habuerit, ad dominium eius fpectet fine querela cuius terram inhabitare videtur; preterea donationem totius tenementi Bofonis de Burgo, quod dictus Heuftachius ab heredibus ipfius Bofonis feudotariis fuis de fuo emendo adquifierat, & quicquid iuris five dominii abbatis vice videbatur habere in dicto tenemento Bofonis & in aliis domibus adiacentibus quas nunc temporis poffident Pe. Cellararius & W. frater eius, & W. Arnaldi & Girbertus canonici, & conceffionem ecclefie sancti Apollinaris que fita eft prope ripam Rodani, quam Iohannes Galatei feudotarius dicti abbatis, minus iufte poffidens, ecclefie Burgenfi de iuditio anime fue reftituit, & ut bannum duobus menfibus, fcilicet iulio & augufto, vobis ibidem vendere liceat : hec omnia ab abbate veftro Heuftachio vobis conceffa, firma & inconcuffa vobis & fuccefforibus veftris, perpetuis temporibus volumus obfervari; item quicquid a feudotariis dicti abbatis de confenfu ipfius, donatione,

emptione vel aliomodo in prefenti habetis, vobis inperpetuum habere &´ quiete concedimus poffidere; set & fi quid
ab ipfis feudotariis abbatis in pofterum adquifieritis, cum
confenfu ipfius abbatis vobis liceat retinere, vel fi confenfus
ipfius abbatis non affuerit, faltem poft appellationem ipfius
infra duorum annorum fpatium vobis diftrahere liceat vel
aliomodo alienare. Hec autem omnia, pro ut fuperius in
fingulis capitulis funt expreffa, ut a me & a fuccefforibus
meis inviolabiliter obferventur & inconcuffa permaneant,
Ego Vmbertus Valentinus epifcopus, affiftentibus nobis
Bertrando de Stella, Villelmo de Liberone, Villelmo de
Bellomonte, canonicis, magiftro Vgone clerico, laudo &
per impreffionem figilli mei inperpetuum confirmo. Hoc
actum fuit apud Valentiam, in domo epifcopali, anno
Domini M° CC° X°, menfe feptembri, C littera dominicali.
Affuerunt autem huic facto, ex parte ecclefie Sancti Petri
W. Arnaldi, Vmbertus, Guigo Barnardi, Chatbertus, Girbertus, W. de Clariaco, Johannes de Tholofa. Ad ultimum,
ut fupradicta ftatuta maiori gaudeant firmitate & ut in
pofterum nullorum valeant malitia perturbari, Ego Vmbertus Valentinus epifcopus rogavi dominum Vmbertum
Viennenfem archiepifcopum[1], ut predicta omnia plenarie
comprobaret & figilli fui munimine confirmaret. Eapropter
Ego Vmbertus Viennenfis archiepifcopus, ad preces prefati
epifcopi & Burgenfium canonicorum, confilio A. prioris
Silve Benedicte[2], Petri facrifte Viennenfis & Romanenfis[3]
& Yfmidonis cantoris[4], fupra fcripta omnia, pro ut in fupe-
rioris fcripture ferie funt expreffa, approbo, laudo &
confirmo, & per impreffionem figilli mei prefentem cartam
pleniffime auctorizo.

✠ Ego Jacobus domini Vmberti epifcopi notarius, cum
proprii corporis infirmitate prepeditus per me fcribere non
valerem, magiftro Petro fcriptori prefentem cartam fcriben-
dam mandavi, & mandato ipfius domini V. epifcopi fub-
fcripfi & figilli fui impreffione fignavi.

(*) Reproduction de l'original, magnifique parch. de 37 lignes, coté 2 ; sur le dos est une analyse que nous omettons. Plusieurs copies en ont été prises : celle qui y est jointe commence ainsi : *Ambrosius* (!)........ *L'Invent. rais.* f° 6 (*Cartul.* fol. CCIII) en donne le résumé, & montre que cette charte confirme, en les transcrivant en partie, les donations du prévôt Eustache de 1183 & 1188 (ch. VI & IX).

(1) Humbert II, d'abord religieux de la chartreuse de Seillon, était archevêque de Vienne en 1206; il mourut le 19 novembre 1215.

(2) Sylve-Bénite, monastère de Chartreux, fondé près du lac de Paladru en 1116. Le prieur se nommait alors Ainard (*Cartul. de St-Barnard*, ch. 387).

(3) Pierre d'Arènes (*de Arenis*) était chanoine de Vienne en 1187 (*Cartulaire de l'égl. de Die*, ch. 19) & sacristain de Saint-Barnard en 1209 (*Cartul. de Romans*, ch. 394 & 401).

(4) Ismidon figure comme chantre de Vienne en 1209, dans la ch. 401 du *Cartul. de Saint-Barnard*.

XX.   (6-27) juin 1214.

De aquirimento portus Rodani
[a Bernardo de Belregart].

NOVERINT universi ad quorum noticiam presens carta devenerit, quod Bernardus de Belregart dedit ecclesie Sancti Petri de Burgo, pro remedio anime sue, medietatem tocius vilanagii[1] quam habebat in portu de Burgo, & in omnibus obventionibus eiusdem portus, pro anniversario suo & ut ab octabis Pasche usque ad festum Omnium Sanctorum, in illis diebus in quibus misse non celebrantur ad terciam[2], ex redditu portus consueta beneficia darentur presbitero, diacono & subdiacono qui assisterent ad officium misse ad terciam. Et pari modo uxor eius Sazia[3] dedit aliam medietatem ecclesie Sancti Petri de Burgo pro tribus anniversariis, ut ex redditibus eiusdem portus, in anniversario suo & patris sui & matris sue, consueta beneficia tam clericis quam pauperibus darentur. — Post mortem vero Barnardi, Aldebertus de Cruceolo questionem movit contra ecclesiam in prefato portu, proponens quod predictus Barnardus & Sazia tenebant ab eo quartam partem in portu, & pro eadem parte sibi censum prestabant'quia erat de suo dominio : & ideo hoc donum non poterant facere ecclesie preter eius assensum. Hec vero discordia ita sopita fuit, quod ecclesia Sancti Petri dedit prefato Aldeberto xiji. libras Viennensis seu Valentine monete quas ei solvit in integrum, & prelibatus Aldebertus laudavit & concessit ecclesie habere & in perpetuum possidere quartam partem portus de Burgo que spectabat ad eius dominium, sicut prius tam predictus Barnardus quam Sazia ab eo possidebant : salvo iure placitamenti in mutacione prioris quando priorem de novo venire contigerit, scilicet duodecim solidorum & dimidii qui eidem Aldeberto prestabuntur vel cuicumque voluerit, & annuo censu qui pro eadem parte sibi prestabitur singulis annis in festo sancti Johannis, scilicet xiji solidos minus tribus denariis, & tribus sextariis salis; & tunc prestabit ecclesie ipse Aldebertus medietatem refectionis unius hominis. In Natali vero Domini, solventur ipsi Aldeberto censualiter tres restes alliorum & tres restes unionum, & quarta pars trium quartaronum piperis, & quarta pars trium unciarum cinnamomi & v. denarii qui prestabantur antiquitus baiulo pro sotularibus. Et hec concessio facta fuit ab Aldeberto Jarentoni priori & canonicis eiusdem ecclesie, tam presentibus quam futuris; & promisit eisdem predictus Aldebertus, obligando omnia bona sua tam presencia quam futura, quod predictam laudacionem ratam & firmam habeant tam ipse quam successores sui, & ipsam ecclesiam semper manuteneant & defendant in predicto portu, si aliquis ecclesie ibidem aliquam contradictionem faceret vel moveret. Et sciendum quod prefatus Aldebertus promisit ecclesie, quod ius suum quod habet in portu nullo modo concederet Hospitali pontis[4], nec alicui persone qui (*fic*) adquireret ad opus pontis, vel burgenfi alicui preter ecclefie affenfum. Set fi alteri perfone vellet vendere vel alio modo alienare, prius debet requirere ecclefie voluntatem, & fi ei ecclefia tantum dare voluerit quantum alius daret fibi habere poterit, ita ut verum rei precium non augeatur ab ipfo Aldeberto vel fuis ut ecclefia inde gravetur; similiter & ecclefia non debet ius fuum alienare, nifi prius requifita Aldeberti & fuorum voluntate : & hoc totum prefatus Aldebertus, facramento corporaliter a fe preftito, promifit fe & fucceffores fuos obfervaturos bona fide, prout melius & fanius poteft intelligi ab aliquo. Hec autem omnia comprobata fuerunt ab ipfo Aldeberto coram domno V. Valentino epifcopo, qui ad preces ipfius Aldeberti fideiuffor & tutor extitit ecclefie Sancti Petri de Burgo ut fupradicta fideliter obferventur, & ad rei memoriam habendam in antea huic prefenti fcripture figillum fuum apponi precepit, mandato prefati Aldeberti, falvo iure fui dominii. Durat autem portus & obvenciones ipfius portus a portu Mure ufque al Meias. Acta funt hec in aula domini V. Valentini pontificis, prefentibus canonicis Ber. de Stella, Vmberto de Bel Regart, Girberto, Willelmo de Clairiaco, Johanne de Tholofa, anno Domini M° CC° XIJIJ, menfe junio, feria vi^a; teftes vocati funt : Po. de Cleu facerdos, Johannes de Cornaz, Pe. Girbernz, Vgo Richardi, W. de Alexiano, W. Cellararius, magifter Vgo, Po. de Alexiano, magifter Petrus, Johannes de Fonte Malo, Pe. de Creft, Stephanus Richardi, Pe. Cellararius, W. Chamarlencs, Guigo Ruffus, filius Ademari de Caftro Bucco.

✠ Ego Jacobus domini epifcopi notarius, xv. anno pontificatus ipfius, prefentem cartam mandato eius fcripfi & figilli fui patrocinio communivi.

(*) Tranfcription de l'original, parch. de 33 lig., qui porte au dos une analyfe que nous abrégeons : *Ecclefie Sancti Petri de Burgo Valentie :*

donatio ei *facta* per *Bern. de Belregart & Saziam ejus uxorem, qui dederunt dicte ecclesie quilibet ipsorum medietatem vilanagii quam habebant in
portu Rodani, pro certis anniversariis ibidem faciendis; & postmodum Aldebertus de Cruceolo laudavit & concessit dict. ecclesiam possidere quartam
partem dicti portus spectantem ad ejus dominium......: salvo d. Aldeberto
in mutacione novi prioris.....; sed debet prestare.....* — La donation que
cette charte confirme ne saurait être antérieure à la concession du 5 juil.
1210 (ch. XVIII).

(1) *Villenagium*, héritage tenu à cens ou à rentes serviles.

(2) Sous la discipline monastique, le jeûne cessait ou devenait moins
sévère de Pâques à la Toussaint : les jours de fête, on ne célébrait l'office
divin qu'après *tierce* (vers 9 h.).

(3) Sazie, dont le nom a déjà figuré (ch. XI), vivait encore vers 1224
(ch. XXXIII) ; son mari Bernard de Beauregard était mort. Les chanoines
du Bourg furent fidèles à s'acquitter des anniversaires qu'elle avait fondés
en faveur de son père Pierre Martin & de sa mère Garcine; nous avons
relevé, au dos d'une ancienne copie de la charte XXII, le *mémorial* qui en
fut inséré dans le *Nécrologe* de Saint-Pierre :

Eodem die (10 *mars*), memoria Pe. Martini, cujus filia
Sazia dedit huic ecclesie medietatem vilanagii quam habebat
in portu, ut in hac die & in die anniversarii sui, & in memoria Garcine matris sue que fit xv. kal. septembris,
beneficia clericis & pauperibus inpendantur; & ut idem
beneficium, quod fit canonicis his tribus diebus, omnibus
sacerdotibus hujus ecclesie tribuatur.

Item, memoria Garcine, cujus filia Sazia dedit huic ecclesie
medietatem vilanagii quam habebat in portu, ut in hac die
& in die anniversarii, & in memoria patris sui Petri Martini
que fit vi. idus marcii, beneficia clericis & pauperibus inpendantur; *etc., ut supra.*

(4) Romans, Grenoble, Lyon, etc. avaient des hôpitaux établis sur la
pile principale de leurs ponts; celui de Valence, construit dans ces conditions, n'est mentionné dans aucune charte antérieure à celle-ci. On peut
conjecturer qu'il ne dépendait pas de Saint-Pierre du Bourg, & que le
pont n'était point alors complètement terminé.

XXI.   22 fept. - 26 octobre 1214.

De aquirimento portus Rodani[*].

───────────

Noverint univerſi....., quod Bernardus de Bel Regart dedit Deo & eccleſie Sancti Petri... (l. 2) Willelmus de Cruçol... (l. 20) Guillelmo cenſualiter... (l. 27) bona ſua univerſa.... (l. 12) d. Vmberto Valentino epiſcopo.... al Meias. Hoc autem laudavit Rainaudus filius Willelmi & ſacramento confirmavit. Hec autem acta ſunt in curia epiſcopali, in camera ſuperiori de turre, anno Incarnationis Dominice M° CC° XIJIJ°, x°. kalendas octobris, indictione ij, preſentibus Bertrando de Stella, Willelmo Arnaudo, V. de Belregart, Girberto canonico, Vgone Richardi, Johanne Raillartz, magiſtro Vgone, Johanne Bruiſeira, Petro Cellarario, A. filio eius, Guigone Auſel, W° Cellarario, W° de Grana, Vmberto de Drueſtal, Arnaudo Ferlai, W° fratre domus helemoſinarie Sancti Petri de Burgo. Procedente tempore in eodem anno, vij° kalendas novembris, in grangia ipſius Willelmi a Guillaran, domina Vaſſalda uxor ſua &.   .
filia eorum hoc totum laudaverunt bona fide & abſque dolo, preſentibus domno Girberto canonico Sancti Petri de Burgo, Willelmo de Sancto Johanne, Po. de Alexiano, Guigone Freideira.

✠ Ego Jacobus..... xv. anno..... communivi.

───────────

(*) Cette charte eſt la reproduction textuelle de la précédente : le nom ſeul d'Adalbert de Cruſſol eſt remplacé par celui de ſon frère Guillaume; nous indiquons, cependant, les variantes & les additions. L'original parch. a 31 lig.; on y a ajouté une longue analyſe que nous ſupprimons.

XXII. mars 1217.

[Compositio de portu ab Humberto episcopo facta][*].

Ego Vmbertus, Dei gratia Valentinus episcopus, notum facimus universis quod, inter B. de Belregart & Salvanetum ex una parte, & J. Ruellatorem[1] & Bo. ex altera, mota fuit controversia coram nobis super portu inferiore ad tegulariam[2], que sopita fuit inter eos in hunc modum : J. Ruellator & Bo. in vita sua tantum tenebunt portum ab eis & facient ipsis xx. solidos censuales. Hec compositio probata fuit a Burgensi ecclesia, que tunc obtinebat vilanagium quod dictus B. & uxor eius & Salvanetus in portu habuerant supradicto per Guidonem & W. dominos de Cruszol & Lambertum de Maires[3], qui interfuerunt compositioni & dixerunt, prestito sacramento, factam fuisse compositionem sicut superius est expressum. Tandem defuncto Bo., cum Burgensis ecclesia portionem illam quam habebat in portu sibi vendicaret, eo quod assereret ipsum Bo. portionis illius quam ipse tenet habere usum fructum tantum dum viveret, uxor eius & liberi in dubium revocabant; G. vero de Cruszol datus est tutor liberis, & per ipsum & per alios testes fuit hec compositio probata ad plenum. Sane precibus ipsius G. & uxoris Bo., concessit Burgensis ecclesia tenere portum sub eodem censu xx. solidorum liberis & uxori ipsius Bo. ad vitam J. Ruellatoris, qui pari iure & pari modo & pari censu sicut idem Bo. in eodem portu fuerat constitutus; post mortem vero ipsius J. Ruellatoris qui huic compositioni interfuit, neque heredes eius, neque uxor, neque liberi ipsius Bo. neque alius ipsorum nomine aliquid iuris, aliquid rationis in prefato portu fibi poterunt vendicare. Et hoc totum uxor ipfius Bo. facramento firmavit, & G. de Crufzol tutor liberorum Bo. promifit bona fide, prout melius poteft intelligi, quod liberi ipfius Bo. hanc compofitionem, que ad commodum ipforum facta eft, ratam & firmam femper teneant & obfervent, & contra eam nichil iuris opponant. Facta funt hec apud Valentiam, in noftra prefentia, in aula pontificali, anno Domini M° CC° xvij°, menfe marcio. Inter-fuerunt autem pro Burgenfi ecclefia J. prior, W. [de] Cleriaco, Girbertus, J. de Tolofa, V. baiulus, magifter V., B. baiulus, L. de Maires. Ad maiorem autem firmitatem habendam in antea, nos auctoritatem noftram huic facto tribuimus, & prefentem cartam figilli noftri fecimus munimine roborari.

(*) Cette charte ne nous a été confervée que par une copie du notaire Jacob (cf. ch. XIV, n. 8), contenant en outre les ch. XVI & XVII, & fur laquelle on a mis cette note : *parum valet, quia funt copie non tabellionate;* elle y occupe 18 lig.

(1) Ce nom femble venir de *ruella,* petite rue; le *Lexicon infimæ latini-tatis* ne le mentionne pas.

(2) *Tegularia,* tuilerie, & auffi terre à briques, argile.

(3) La charte de conceffion de cette partie du port ne nous a pas été confervée.

· XXIII.   12 décembre 1219.

[*Honorii III papæ rescriptum de juribus præpositi*]*.

Refcriptum apoftolicum, continens quod prior & canonici Burgi conquerendo monftraverunt Honorio papæ III, quod præpofitus Valentiæ injuriabatur eifdem fuper quodam foffato, præconifatione per villam & aliis rebus. Quocirca

papa mandat archiepifcopo Viennenfi[1], & decano Anicienfi[2]
& præpofito Ulcienfi[3], quatenus partibus auditis decer-
nerent quod juftum effet. Datum Viterbii, ij idus decembris,
pontificatus ipfius papæ anno quarto[4].

(*) Extrait de l'*Invent. rais.*, f° 12 r°.

(1) L'archevêque de Vienne Jean de Brenin fiégeait dès 1218 (ch. origi-
nale aux *Arch. de l'évêché de Grenoble*), & mourut le 17 avril 1266,
d'après fon épitaphe (LE LIÈVRE, *Hift. de l'antiq. & fainct. de la cité de
Vienne*, p. 371), ou le 18, felon le *Nécrologe de Saint-Robert de Cor-
nillon* (Biblioth. impér., ms. lat. 5247, f° 88 : xliii). — L'hiftorien CHARVET
exprimait le regret de n'avoir jamais pu rencontrer le fceau de ce prélat,
dont il croyait tous les exemplaires perdus (*op. cit.*, p. 386); il en eut, à
notre connaiffance, trois différents, que nous avons rencontrés chacun plufieurs fois : — le plus petit, de forme ovale comme les autres, mefure 4
cent. et 1/2; l'archevêque eft repréfenté en pied, vêtu de fes habits pontificaux, la mitre en tête, la croffe dans la main gauche & la droite en
aclion de bénir le peuple; on lit en légende : ✠ : S : IOHIS : ARC/HIEPI :
VIENN :; — dans le fecond, qui a 62 mill., le prélat eft affis, revêtu des
mêmes ornements; la légende eft à peu près femblable : ✠ : S̄IOⅡIS :
ARCHIEPI/SCOPI : VIENNENSIS :; — le troifième eft remarquable : long
de 7 cent., il repréfente le prélat comme dans le précédent; la légende n'eft
guère différente : ✠ : S IOⅡIS : ARCHIEPI/SCOPI. VIENNENSIS :; mais
au revers fe trouve un contre-fcel de 5 cent., qui montre l'archevêque en
pied comme dans le N° 1; il a pour légende : ✠ S : IOⅡIS : ARC/HIEPI :
VIENN̄.

(2) Le doyen de l'églife du Puy était à cette époque Guigues III de
Godeto ou Hugues II (*Gallia Chriftiana* nova, t. II, c. 742).

(3) Le prévôt d'Oulx (dioc. de Turin) fe nommait alors Martin.

(4) Honoré III, facré le 24 juillet 1216, était à Viterbe du 28 janv. au
28 mai 1220 (D. BRIAL, *Rec. des Hift. de France*, t. XIX, pp. 692-6).
Les fept bulles inédites qui fuivent, comme le grand nombre que nous a laiffé
ce pape, le montrent intervenant avec autant de fuccès que d'empreffe-
ment dans toutes les affaires de fon temps (cf. *Notices & Ext. des mss.
de la biblioth. impér.*, t. XXI, p. 163 sqq.).

XXIV.   13 décembre 1219.

[Honorii III papæ commissio de excommunicatione
Burgensis ecclesiæ] [*].

Commiſſio per Honorium papam tertium faɛta archiepiſcopo Viennenſi, decano Anicienſi & præpoſito Ulcienſi,
ad cautelam [1] ſententiæ excommunicationis & interdiɛti in
eccleſiam & canonicos Burgi promulgatæ per abbatem de
Droe [2] & ejus collegas delegatos apoſtolicos ad inſtantiam
præpoſiti Valentini, ut audirent cauſam & terminarent.

Cum olim quæſtione mota, inter præpoſitum Valentiæ ex
una & canonicos eccleſiæ Burgi partibus ex altera, ſuper
juriſdiɛtione hominum Burgi & ſuper eo quod canonici de
negotiis & rebus eccleſiæ inconſulto præpoſito diſponebant,
cauſa fuiſſet a papa commiſſa abbati de Droe & ejus collegis.
Tandem canonicis Burgi ad papam appellantibus, eandem
cauſam ad ipſum delatam, procuratore præpoſiti & duobus
de diɛtis canonicis procuratoribus ejuſdem eccleſiæ coram
papa conſtitutis, cauſam commiſit cardinali Sanɛti Angeli
qui protulit canonicos habere ſufficiens mandatum ad eandem appellationem proſequendam ; ſed procurator præpoſiti,
aſſerens eoſdem canonicos eſſe excommunicatos per diɛtos
judices, poſtulabat procuratores excommunicatorum repelli
a procuratione hujuſmodi. Ad quod canonici reſponderunt
quod poſt appellationem ad papam interpoſitam, ipſi judices
in eccleſiam Burgi interdiɛti & in eos excommunicationis
(ſententias) temere promulgarant, quibus dicebant ſe non
teneri ex eo quia, cum coram ipſis judicibus fuiſſet ex parte

canonicorum exceptum fe non debere conveniri per litteras obtentas, in quibus non fiebat mentio de compromiffo concorditer in arbitrium facto fuper his de quibus inter eos quæftio vertebatur, necnon duos eorumdem judicum effe concanonicos ipfius præpofiti, quia eorum exceptiones non admittebant fuerat ad papam appellatum; fed illi, eorum appellatione contempta, contra eos procefferunt : quare petebant dictas fententias denunciari irritas; procurator vero præpofiti hæc negabat. Igitur papa his intellectis dictos canonicos apud eum conftitutos ad cautelam fecit abfolvi, mandans archiepifcopo Viennenfi, decano Anicienfi & præpofito Ulcienfi, quatenus relaxatis ad cautelam dictis fententiis excommunicationis & interdicti, & revocato in irritum quicquid poft appellationem attentatum, audiant caufam & terminent. Datum Viterbii, idus decembris, pontificatus fui anno iiij°.

(*) Extrait de l'*Invent. rais.*, f° 12.

(1) Abfolution conditionnelle, dont l'efficacité eft foumife à la juftification de l'inculpé.

(2) *Sic ;* il doit s'agir de l'abbé de Saint-Jacques de Doûe *(Doa)*, au diocèfe du Puy, qui figure dans le *Nécrologe de Saint-Robert* (ms. f° 59 v°). — L'abbé était alors *Ar.*, peut-être Armand.

XXV.   23 janvier 1220.

[*Bulla Honorii III præpofito Burgi jurisdictionem abbatis conferens*][*].

HONORIUS, fervus fervorum Dei epifcopus *(fic)*, prepofito Valentinenfi falutem. Significafti nobis, fili, quod in

ecclefia Sancti Petri de Burgo per tuam prepofituram abbas
exiltis, fed prior & canonici correctionem tuam contemnunt
recipere, de negotiis ecclefie te inconfulto prefumunt difponere; unde poftulafti ut tibi dignaremur concedere, quod
poffes contra tales authoritate noftra procedere &, quod
archiepifcopo Viennenfi & conjudicibus fuper difpofitione
ecclefie ab apoftolica Sede commiffum fuerat, dignaremur
revocare. Nos igitur in prefata ecclefia tibi jurifdictionem
abbatis plenariam conferentes, & eos qui inobedientiam
(fic) abbati debitam tibi negaverint exhibere, & tuo affenfu
non habito de negotiis ecclefie prefumpferint difponere, per
cenfuram ecclefiafticam compefcendo. Sane ne prior &
canonici de negotiis ecclefie de cetero te inconfulto difponant,
id quod archiepifcopo Viennenfi & conjudicibus fuis fuper
difpofitione ecclefie commifimus, revocamus. Datum Viterbii,
x° kalendas februarii, pontificatus noftri anno quarto.

(*) Texte un peu altéré, confervé dans l'*Invent. rais.* f° 11 r°, où il eft
précédé de ce titre : *Conceffio per Honorium papam tertium facta præpofito
Valentiæ, qui eidem contulit in ecclefia Burgi jurifdictionem abbatis plenariam.*

XXVI.   8 mai 1220.

*[Honorii III commissio de falsificatione litterarum
apostolicarum]* *.

Commiffio per eundem Honorium papam III facta epifcopo Portuenfi[1], quatenus revocato in irritum quicquid
fuerit attentatum, occafione quarumdam litterarum apofto-

licarum per ipfum papam falfarum deprehenfarum[2], compelleret venire perfonaliter ad præfentiam ipfius papæ cum qui litteras fabricavit vel eafdem portavit, & tam præpofitum Valentiæ quam alios quos eis ufos effe conftiterit. Datum (Viterbii,) viij. idus maii, pontificatus noftri anno iiij[to].

(*) Analyfe tirée de l'*Invent. rais.*, f° 11 v°.

(1) Ce cardinal, légat du Saint-Siége, fe nommait Conrad (ch. XXX n.*); il remplit des légations contre les Albigeois & les Sarrafins, & après avoir été abbé de Clairvaux, puis de Cîteaux, il fut nommé évêque fuburbicaire de Porto par Honoré III en 1219, & mourut en Paleftine l'an 1227; il figure auffi dans le *Cartulaire* de Saint-Félix & le *Codex diplomaticus* de l'ordre de Saint-Ruf.

(2) La falfification des lettres apoftoliques emportait excommunication majeure, avec abfolution réfervée au pape (*Decret*. GREG., lib. V, tit. xx *de crimine falfi : Corp. Iur. Can.*, t. II, c. 782 sqq.); la fentence fondée fur une bulle fauffe ne devait point être exécutée (*ibid.*, cap. 2), & l'eccléfiaftique qui en avait fait ufage était privé de fon office & de fes bénéfices (*ibid.*, cap. 7).

XXVII.   22 mai 1220.

[*Honorii III commissio de canonicis non residentibus*][*].

Bulla Honorii papæ III habens in fubftantia, quod duo de canonicis Burgi refidentes in ecclefia Valentiæ præfumebant impedire ne alii canonici in Burgo refidentes tractarent negotia ecclefiæ fine eorum affenfu. Quocirca papa mandat cantori & archidiacono Viennenfi[1], quatenus caufam audiant & fine canonico terminent. Datum Viterbii, xj kalendas junii, pontificatus fui anno iiij°.

(*) Analyfe prife dans l'*Invent. rais.*, f° 13 r°.

(1) Étienne de Montluel était à cette époque archidiacre de Vienne & de Cantorbéry (CHARVET, *Hift. de la s° églife de Vienne*, p. 385).

XXVIII.   27 mai 1220.

[*Honorii III papæ bulla pro canonicorum residentium ordinationibus*]*.

HONORIUS epifcopus, fervus fervorum Dei, dilectis filiis priori & capitulo Sancti Petri de Burgo Valentie, falutem. Ex parte veftra fuit nobis propofitum, quod quidam canonici veftri raro vel nunquam in ecclefia veftra refidentes dedignantur rectis difpofitionibus capituli confentire, propter quod profectus ecclefie multipliciter prepeditur. Cum igitur turpis fit pars fuo toti non congruens, imo nec pars fit etiam nominanda que ab integritate recedit[1], authoritate prefentium vobis indulgemus ut, non obftante diffenfu vel contradictione temeraria pauciorum, quod a maiori & faniori parte canonicorum refidentium ordinatur, ratum habeatur & firmum, nifi aliquid rationabile a paucioribus refidentibus objectum fuerit & oftenfum, quare id fieri non debeat vel non poffit. Datum Viterbii, vj. kalendas junii, pontificatus noftri anno quarto.

(*) Texte extrait de l'*Invent. rais.*, fº 13 vº, où il eft précédé de ce titre développé : *Bulla alia ejufdem Honorii papæ III qui, audita fupplicatione capituli Burgi continente impedimentum dictorum duorum canonicorum, indulfit eidem capitulo ut id quod a majori & faniori parte canonicorum in ecclefia Burgi refidentium ordinatur, firmum & ratum habeatur. Ita dicens,* etc.; & fuivi de cette note : *Habet ecclefia unum vidimus factum anno Mº cclxxxxvjº & vjº nonas maii* (2 mai 1296), *cum appofitione figilli officialis Valentiæ.*

(1) Axiome formulé par le pape Innocent III en 1200 (*Decret.* GREGOR., lib. IV, tit. IV, cap. 5 : *Corp. Iur. Can.*, t. II, c. 647; cf. BALUZE, *Epift. Innoc.*, t. 1, p. 601).

XXIX. 3o mai 1220.

[Honorii III commissio contra falsificatorem litt. ap.].

Reſcriptum apoſtolicum, continens quod diĉtus Honorius papa III aſſerit ſe reperiſſe eſſe falſas quaſdam litteras apoſtolicas, quibus præpoſitus Valentiæ pro ſe uſus fuit contra priorem & canonicos Burgi, eoſdem excommunicando. Quocirca per hoc reſcriptum papa mandat archiepiſcopo Viennenſi, quatenus puniret eum qui litteras fabricavit vel reportavit. Datum Viterbii, iijº kalendas junii, pontificatus ipſius papæ anno quarto.

(') Analyſe tirée de l'*Invent. rais.*, fº 12 rº. — Voir ch. XXVI, n. 2.

XXX. oĉtobre 1220.

[Geraldi episcopi Valentini sententia arbitralis de juribus et obligationibus præpositi Valentiæ et ecclesiæ Burgi].

[Habemus] quandam cartam ſententiæ arbitralis, per dominum Guillermum¹ epiſcopum Valentiæ prolatæ, ſuper quæſtione vertente ex una parte inter eccleſiam Burgi, & ex altera Lambertum præpoſitum Valentiæ. Ipſe autem epiſcopus dixit per arbitrium ſtatuendo, quod ordinatio negotiorum eccleſiæ ad priorem & canonicos pertineat abbate inconſulto, niſi monitione præmiſſa ab ipſo præpoſito in aliquo negotio eccleſiæ negligentes extiterint : nam tunc

cum eifdem debet illud negotium diffinire. — Item quod
jurifdictio, tam civilis quam criminalis hominum ecclefiæ
commorantium in terra communiæ, penes priorem & canonicos remaneat. — Item quod fuper domo Helemofinaria,
& ecclefia Sancti Apollinaris prope Rodanum, & decimas in
Marifco, & avena cenfuali in manfis, & chabaneriis &
domo Bozonis, & dominio domorum adjacentium ufque ad
furnum, & fuper redditibus quos ecclefia percipiebat in
Chirofiis : fcilicet x. denarios, & in orto Petri Vion xvj denarios, & in orto delz Crofes iiij folidos, & in Javeyfano
iiij^or feftaria filiginis & iiij^or folidos, & in alia parte quatuor
cyminatas filiginis & ij folidos viij denarios; & fuper poffeffionibus & redditibus aliis de quibus inftrumenta ecclefiæ
faciunt mentionem, & fuper omnibus his quæ prior &
canonici poffidebant tempore Heuftachii præpofiti : nec ipfe
præpofitus nec fuccefores fui poterunt de cætero in aliquo
priorem & canonicos moleftare. — Item quod dominium
portarum fit ecclefiæ, & claves communiter tam ex parte
ecclefiæ quam præpofiti alicui committantur. — Item quod
ea quæ refpiciunt communem utilitatem totius villæ tracten-
tur communiter ab ecclefia & præpofito. — Item quod
præconizentur per villam expreffo nomine abbatis, prioris
& vicarii. — Item quod ecclefia folvat præpofito in quolibet
fefto fancti Apollinaris vij libras ad faciendum librationem
ecclefiæ eodem die. — Item quod medietas calcatorum [2]
d'Ars, dominii & cenfus ejufdem, pro quo preciabatur
ecclefiæ xv folidos & libra piperis cenfus, præpofito remanebunt. — Item quod foffata a porta cureriæ ufque ad en-
claufas erunt præpofiti, alia autem foffata quæ funt ufque
ad Rodanum ecclefiæ remanebunt. — Item proceffio debetur præpofito noviter inftituto. — Item quod confirmatio
prioris pertinet ad præpofitum.

Hæc autem compofitio a dicto epifcopo facta fuit & ab
utraque parte recepta in eftris [3] epifcopalibus, quam per

arbitrium juſſit fieri ſigilli ſui munimine roboratam, anno
Domini milleſimo CCXX., menſe octobris.

(*) Analyſe extraite de l'*Invent. rais.*, fᵒ 6 rᵒ (*Cartul.* fol. clxxxxvj), qui la
fait ſuivre de cette note (fᵒ 7 vᵒ) :

Quatuor alias cartas ſeu inſtrumenta habet eccleſia unius
ejuſdemque tenoris & datæ hujus cartæ ſupra mentionatæ.
Ulterius quod dominus Conraldus, epiſcopus Portuenſis &
Sanctæ Ruſſinæ papæ legatus, confirmavit dictam ſententiam
arbitralem, prout large ſatiſque abunde continetur in duabus
cartis ſeu inſtrumentis unius & ejuſdem tenoris ac ſubſtantiæ,
& quælibet carta incipit *Conraldus,* & ſuit datum apud
Valentiam, anno Domini Mᵒ ccxxijᵒ, nonas julii (7 *juil.* 1222).

(1) Il faut lire *Geraldum* (ou *Gerondum*) : le copiſte a ſans doute pris G.
pour l'initiale du nom de Guillaume de Savoie ſon ſucceſſeur (ch. XXXIII,
n. 1), qui dans les chartes commence toujours par un *W.* Géraud, évêque
de Valence en 1220 (*Chronicon* d'ALBÉRIC de Trois-Fontaines & *Cartul.
de Saint-Félix*), fut nommé patriarche de Jéruſalem par le pape Grégoire IX, le 28 avril 1227, & mourut le 7 ſeptembre 1239 ; voir, ſur ſes
écrits, l'*Hiſtoire littéraire de la France* (t. XVIII, p. 103).

(2) Ce mot aurait déſigné dans notre province une meſure agraire (*Lexic.
man. inf. latinit.*, c. 387).

(3) De *extra ; atrium*, anciennement *eſtre*, cour.

XXXI.   5 décembre 1220.

[*Confirmatio reformationis ecclesiæ Sancti Petri
ab archiepiscopo Viennensi peractæ*]*.

Confirmatio Reformationis eccleſiæ Sancti Petri de Burgo
per cardinalem Portuenſem epiſcopum papæ legatum¹ ſacta,
continens quod archiepiſcopus Viennenſis, juxta commiſſio-
nem ſibi per eundem legatum ſactam, ad reformationem

ecclefiæ Sancti Petri proceffit ut fequitur, in qua reformatione
peregit vj : — Primum ftatuit ibi numerum quindecim canonicorum; — tum affignavit communiæ ecclefiæ molendinum & redditus ipfius & lxx° folidorum quæ funt in Valentia,
quæ non funt inter canonicos diftributa, reliqua dividens
inter canonicos refidentes; — tum approbavit confuetudinem
quam habebant ut redditus defuncti canonici primo anno
poft ejus deceffum fabricæ ecclefiæ deputentur; — ftatuit
etiam ut canonici refidentes ibi completorium Dominæ
Noftræ ficut horas decantent ; — tum ftatuit ut fi quis canonicorum vel clericorum ibi refidentium officium fibi in tabula [2]
affignatum exfequi ceffaverit, libra [3] ipfius ecclefiæ deputetur; — tum fub pœna excommunicationis fingulis injunxit
ut ordinationem prædictam obfervent, contradictores &
rebelles excommunicando. Igitur præfatus legatus dictam
reformationem confirmavit, attentantes contra hæc excommunicando, anno Domini M° CC° XX°, nonas decembris.

(*) Analyfe extraite de l'*Invent. rais.*, f° 14.

(1) L'évêque de Porto était alors Romain Bonaventure qui fuccéda à
Conrad (ch. XXVI, n. 1) en 1227, eût deux légations en France & une en
Angleterre, & mourut en 1243.

(2) Tableau indicatif des chanoines qui devaient officier dans les cérémonies
de chaque femaine : les archives de la Préfecture confervent plufieurs de
ces *ordo* à l'ufage de l'églife du Bourg.

(3) Diftribution faite aux membres de la collégiale en raifon de leur
office.

XXXII.   4 décembre 1223.

[Bertrandi Diensis electi pronuntiatio inter ecclesiam
de Burgo et Chabertum Pilosi] [*].

B. Dei gratia Dienfis electus [1], omnibus ad quos littere
ifte pervenerint, falutem in Domino. Ad noticiam

omnium volumus pervenire, quod Chatbertus Pilofi, occafione quarumdam litterarum quas obtinuerat a domino
Portuenfi apoftolice Sedis legato, proponebat affignationem
quorumdam reddituum ecclefie Sancti Petri de Burgo fibi
factam fuiffe ab eo, videlicet quartam partem in portu Rodani quam nos tenebamus quondam ab ecclefia Sancti Petri
de Burgo, & manfum Garnerii cum decimis & omni pro-
ventu quem ibidem percipiebat predicta ecclefia; & econtra
canonici de Burgo multiplici ratione fe defendebant. Tandem
in nos compromiferunt, hinc inde preftito facramento ut
noftre diffinitioni ftarent & mandato; & pro parte fua
iuravit Chatbertus Pilofi, & ex parte ecclefie iuraverunt
hoc idem W. Arnaldi, Girbertus, Jo. de Tolofa, W. de
Cleriaco maior, Chatbertus de Alexiano, W. Cell(erarius),
W. de Cleriaco minor, Vgo Richardi, Petrus de Belregart,
canonici. Qui, inquam, eorum recepto facramento, diffinimus in hunc modum : Chatbertus Pilofi reddidit litteras
domini legati in manu noftra, quas obtinuerat de hujufmodi
beneficiis, & renuntiavit omnibus litteris & omni auxilio
quod obtinuerat a legato, ipfe vel alius pro eo fub hujufmodi
beneficiis obtinendis. Econtra ecclefia, quia litteras fuas ad
manum non habebat, debuit litteras fuas reddere ex mandato noftro in manu prefati Girberti, ut ipfe eafdem corrum-
peret vidente Chatberto Pilofi, & ecclefia de mandato noftro
eidem C(hatberto) affignavit manfum Garnerii cum dominio
& decimis, denariis & aliis omnibus redditibus eidem manfo
pertinentibus, exceptis fex modiis² vini qui funt de fuper
augmentis que fecerant poffeffores qui funt ecclefie; &
quarta pars portus Rodani quam nos folebamus tenere a
predicta ecclefia, eft ecclefie in perpetuum fine omni contradictione Chatberti : una tamen pea³, quam tenebat Girbertus
in manfo Garnerii, ab exactione Chatberti Pilofi inmunis
erit; & preterea precepimus quod xl. folidi, qui expenfi
fuerant a quibufdam ecclefie canonicis pro litteris obtinendis,

a procuratoribus ecclefie reddantur ipfis canonicis, omni occafione poftpofita. Hec omnia precepimus fub facramento nobis exhibito, ut ab utraque parte fideliter teneantur fine omni dolo & fraude, prout melius & fanius poteft intelligi: & litteras ipfius Chatberti de voluntate ipfius corrupimus, ne aliquid ecclefie preiudicium generarent. Precepimus etiam fub eodem facramento quod, fi prior hanc compofitionem vellet infringere, canonici predicti effent cum Chatberto & partem eius foverent. Sane prefati canonici promiferunt fub facramento fpecialiter preftito nobis confentientibus, ut fi aliquid effet datum ecclefie pro anniverfariis mortuorum vel acquifitum ex denariis qui dantur pro eis vel inpofterum daretur vel acquireretur, nulli decetero detur in beneficium neque aliquis canonicorum fibi petat dari vel alii, immo petentibus contradicat. Hoc idem dictum eft de his que nunc temporis tenent canonici datis vel acquifitis pro anniverfariis mortuorum, ut nulli in beneficium tribuantur fi ad communiam devenerint, defunctis canonicis vel religionem ingreffis, nifi forte ille qui dederit voluerit dare in beneficium alicui. Facta fuerunt hec, anno Domini M° CC° XXIII°, pridie nonas decembris, in prefentia teftium : B. Monetarii, prioris de Caftro Dupplo, Vgonis de Stella, canonici Valentini, Galberti & W. de Belregart junioris, militum, in domo noftra apud Valentiam, in camera inferiori. Et ne fupra dicta aliquorum malicia proceffu temporis valeant perturbari, prefens carta ad preces predictorum figilli noftri eft firmo munimine infignita.

(') Tranfcription de l'original, parch. de 38 lig. coté XXXVII, qui porte au dos une analyfe que nous croyons inutile de reproduire.

(1) Le fiége de Die devait être vacant le 3 fept. 1223, date du décret des chanoines de cette églife contre les meurtriers de leur évêque (COLUMBI, Opufc. var., p. 298). Bertrand, fimple élu de Die dans cette charte, dont le fceau portait cette légende : ✠ Bertrandus eleCTVS DiENSIS, était encore évêque en 1235. Il eût un autre fceau qui le repréfente en pied, vêtu de fes habits pontificaux, avec cette légende : ✠ S.BERTRANDI.

DIENSIS.EPISCOPI.; & une bulle, que nous reproduifons dans la publication du *Cartulaire* qu'il fit rédiger en mars 1230 (ms. Biblioth. impér.).
— N'oublions pas qu'un Bertrand d'Étoile *(de Stella)* a figuré comme
chanoine du Bourg en 1214 (ch. XX & XXI).

(2) Le *muid* était une mefure de capacité très-variable felon les loca-
lités : pour les liquides, il valait en Bourgogne 320 litres, en Languedoc,
114 (cf. *Polyptyque de l'abbé Irminon*, — Prolégomènes par M. B. Gué-
RARD, t. I, p. 183).

(3) Anciennement *péafon*, en patois *pée* (de *pes*), mefure de fuperficie.

XXXIII.   *circ.* juin 1224.

*Declaratio facta per dom. episcopum Diensem de tribus
partibus portus Rodani spectantibus*.

WILLELMO Dei gratia Electo Valentino[1], B. eadem gratia
Dienfis epifcopus , falutem in Domino. Difcretioni
veftre notum fieri volumus, quod Guido de Crufzol &
Giraudus Baftetz filius eius coram nobis propofuerunt, quod
ecclefia Sancti Petri de Burgo quartam partem vilanatgii in
portu habere non poterat ex conceffione Aldeberti, quia
pater fuus concefferat eidem dominium quod habebat in
portu de Burgo tantum in vita fua : quod ecclefia negabat.
Tandem ab utraque parte fuit in nobis compromiffum, &
Guido de Crufzol & Giraudus Baftetz preftiterunt facra-
mentum quod noftre ftarent diffinitioni & mandato; & nos
multis affiftentibus in camera vicarii diximus, quod medie-
tatis vilanatgii quam habuerat ecclefia a Barnardo de Belregart quartam partem habere poffent, propter quartam partem dominii, Guido de Crufzol & Giraudus Baftetz , fi redde-
rent ecclefie ccc. folidos a fefto fancti Johannis tunc proximo

in annum continuum, interim nullam infeſtationem ecclefic facere debebant : quod ſi non tenerent, conceſſio faɛta ab Aldeberto ecclefie debebat eſſe firma & valida. Poſt mortem Sazie, in altera medietate vilanatgii quam Sazia habebat, quartam partem habere poſſent propter quartam partem dominii, redditis ecclefie ccc. folidis infra annum poſt mortem Sazie, & interim nullam infeſtationem debebant facere ecclefie in illa parte nec in aliis partibus : quod ſi non ſervarent, conceſſio faɛta ab Aldeberto debuit eſſe rata & firma. Et ita per ſacramentum nobis preſtitum eis injunximus, quod ecclefia[m] in portu de Burgo Valentic de cetero non infeſtarent, cum ecclefiu tres partes tocius vilanatgii habere deberet : medietatem tocius vilanatgii propter medietatem tocius dominii quam habebat in portu, quartam partem aliam propter conceſſionem Willelmi de Cruſzol qui habebat quartam partem tocius dominii portus.

(*) Tranfcription de l'original, parchemin de 14 lig., avec fceau de l'évêque Bertrand fur lemnifque. Le dos porte cette note que nous abrégeons : *Sentencia arbitralis, continens quod ecclefia habet in portu de Burgo tres partes vilanagii, videlicet medietatem dominii....., aliam quartam partem propter conceſſionem Guillelmi de Cruceolo........ Ecce data iſtius carte fuit pretermiſſa.* — Cette lettre nous a été également confervée dans une ancienne copie, avec les chartes XX & XXI.

(1) Guillaume Iᵉʳ, fils de Thomas comte de Savole, garda longtemps la qualité d'*élu* de l'églife de Valence; il en eſt qualifié *miniſtre* en 1226 (Columbi, *Opufc. var.*, p. 266). D'après Guichenon (*Hiſt. de Savoye*, p. 256) le pape Honorius III l'aurait nommé fon légat en France en 1238 & transféré la même année à l'évêché de Liége; empoifonné bientôt après à Aſſife (d'autres difent à Brefcia ou à Viterbe) par les ennemis de l'Église, fon corps aurait été transporté à l'abbaye d'Hautecombe le 5 mai 1239 (Columbi, *ibid.*, p. 270). Bien qu'en feptembre 1238 il paraiſſe comme témoin de la conceſſion d'un privilége par Frédéric II à l'églife de Die fous le titre d'élu de Valence (*Tituli Dienſes*, mss. Bibl. imp., fᵒ 8 vᵒ), il figure dans le catalogue des évêques de Liége du 22 juin 1238 au 3 octobre 1239, vraie date de fa mort (E.-Fr. Mooyer, *Onomaſtikon chronographikon hierarchiae Germaniae, Verzeichniſſe der Deuſchen Biſchofe*, etc., Minden, 1854, in-8ᵒ, p. 58): c'eſt qu'il conferva les deux fiéges jufqu'à fa mort; fon frère Boniface lui fuccéda à Valence. — Nous reproduirons le fceau qui pend à la préfente charte & dont il faut lire la légende : ✠ S : WilleLml : ProCVRATORIS : ECCLeſIE : VALEnTINE.

XXXIV.

Compromissum ecclesie Sancti Petri et G. Basteti dominum (sic) *Cruceoli, factum in dom. J. archiepiscopum Viennensem, super questionibus portuum Rodani quas habere possent* [*].

Nos J. prior & capitulum ecclesie Sancti Petri de Burgo Valentie ex una, & Ego G. Bastetz dominus de Cruszol ex alia, compromittimus absolute in domnum J. archiepiscopum Viennensem, super omnibus controversiis & querelis motis & movendis usque ad festum sancti Andree proximo venturum, que vertuntur inter nos vel verti possunt, & specialiter super querela portuum Valentie : promittentes per stipulationem stare mandato suo sive arbitrio, seu dicto sive diffinitioni, ut quicquid ipse super predictis dixerit, mandaverit aut arbitratus fuerit......, prout sibi placuerit, ratum & firmum habeamus inperpetuum; abrenuntiantes omni exceptioni que nobis posset competere ratione messium & vindemiarum, & etiam sollempnium feriarum, videlicet Dominicorum dierum & natalis apostolorum & aliarum sollempnitatum [1], pena centum librarum interposita, cui dom. archiepiscopus mandav[er]it persolvenda ab ea parte que ipsius mandato nollet obtemperare, nichilominus suo dicto sive arbitrio seu mandato sive diffinitione firma & stabili permanente. Et nos W., Dei gratia electus Valentinus, in cujus dominio omnia de quibus est controversia continentur, hoc compromissum volumus [2] & concedimus, & ut ea que a dom. J. archiepiscopo dicta sive arbitrata vel man-

data feu diffinita fuerint firma & inconcuffa perpetuis temporibus permaneant, fideiuffor nos obligamus pro utraque
parte, & Willelmus de Clariaco facerdos pro parte ecclefie,
& pro parte G. Baftet Michael capellanus Valentinus. Et ad
huius compromiffi firmum teftimonium, huic carte figillum
noftrum juffimus apponi, & figilla predicte ecclefie & G.
Baftet. Actum anno Domini M° CC° XXX° III°, tercio idus
augufti.

(*) Extrait de l'original, parch. auquel pendent trois longues lemnifques :
le fceau de Giraud Baftet fubfifte feul (cf. ch. III, n. 2); avec le titre que
nous avons donné, le dos porte cette note : *De portu Rodani; fed non fuit
facta ordinatio per dom. archiepifcopum.* Le légat Jean de Brenin ratifia
cependant la tranfaction intervenue entre les parties en 1238 (ch. XXXVI).

(1) D'après le droit, cette renonciation femblerait nulle : les juges ne
peuvent prononcer leurs fentences les jours de fêtes inftituées à l'honneur
de Dieu & des faints, *etiam de confenfu partium*, fi ce n'eft *ob neceffitatem
vel pietatem* (*Decret.* GREG. IX. lib. II, tit. IX *de feriis*, cap. 5 : *Corp. Iur.
Can.*, t. II, c. 250).

(2) Ce mot eft fuivi de *mandamus*, cancellé dans le ms.

XXXV.   juillet 1234-12 novemb. 1236.

Divisio rerum Alberti et Odonis Alamanni fratrum*.

Anno Domini M° CC° XXX° IIII°, menfe julii, Groffa uxor
quondam Arberti Alamanni, & filii fui Arbertus & Odo
majores xxv annis, de confenfu ipfius Groffe, ita fuper divi-
fione rerum paternarum atque maternarum unanimiter
convenerunt : videlicet quod Arbertus haberet in perpetuum
pro portione fua totum tenementum patris fui, quod quondam
eidem dederat pater fuus cum uxorem duxit & poftea in
ultima voluntate fua cum omnibus fuppellectilibus ejufdem,
preter duos lectos ex toto munitos quos de illis habebit Odo

frater fuus; item habebit dictus Arbertus quatuor peas vinee
que funt in manfo Nautes, quarum due pee funt inter la
Pelofencha & vineam B. Difder, alie due inter vineam W.
Seignoret & vineam B. Difder : fed ex eis iiij^{or} faciet Odoni
fratri fuo ij fextaria frumenti & xii. denarios annuatim; fimiliter & las Pelofenchas & duas partes tinarum[1] & vaforum,
& terciam partem habebit Odo; & propter hoc quitius erit
idem Odo ab omnibus debitis que debebat pater eorum &
de illis que expenderat de dote ipfius Arberti filii fui, &
faciet expenfas funeris matris fue Groffe. Odo vero habebit
omnes res alias que fuerunt matris fue Groffe : videlicet tres
vineas que funt in manfo Nautes, quarum una adheret
vinee P. Chaftillo ab autro (fic), vinee W^e de Sancto Michaele
a parte boree, altera adheret ab autro vinee P. Chaftillo, a
borea vinee W. Silveftri, altera adheret vinee W. Silveftri
ab auftro, a borea vinee P. Chaftillo; & cenfus quos percipiebat in eodem manfo, fcilicet xi. faumaas[2] & vij cartas
& dimidium vini meri, & xiij fextaria frumenti minus
unam cartam, & xvi. folidos & ix. denarios cenfuales; & iij
fextariatas terre quas habebat in eodem manfo Nautes : fed
pro his faciet diem anniverfarium de iiji. denariis & ii. & i.
in ecclefia Sancti Petri de Burgo pro patre & matre fua, &
alterius anniverfarii quartam partem : & quilibet predictorum fratrum de portione fua contentus fuit. Poft mortem
autem matris eorum Groffe, mediantibus amicis eorum
Arnaudo Rufo canonico & facerdote Sancti Petri necnon &
Vifello, hec eadem omnia..... ab utraque parte conceffa fuerunt & approbata, & preftito corporaliter iuramento firma-
ta..., in domo fcilicet Petri de Briffiaco, & in craftinum fancti
Martini, anno ab Incarnatione Domini M° CC° XXXVI°,
in prefentia Bartolomei bajuli Valentini, B. de Vivalx, W.
de Caftro Bucco, P. de Caftro Bucco, Philippi & Chaftillo,
Po. Otgerii & magiftri P. fcriptoris. Infuper ne aliquorum
malitia prefens factum valeat in pofterum perturbari, facte

funt due carte per a. B. c. divife, & figillorum domni S. prepofiti Valentini & ecclefie Sancti Petri de Burgo impreffionibus, de voluntate predictorum fratrum, follempniter communite.

(*) Extrait de l'original, parchemin de 19 lign., parti au côté fupérieur au moyen des lettres A-F; fur le dos, avec une analyfe que nous fupprimons, fe trouve cette note qui indique la raifon de l'exiftence de cette charte dans les archives de Saint-Pierre : *F* (facit) *pro duobus beneficiis beate Caterine & beneficio beati Maximi fimul unitis de manfo de Nauteys de* (leg. *&*) *Pelorenchia.*

(1) En vieux franc *tinel*, grand vaiffeau de bois pour mettre la vendange.

(2) *Saumata, fauma, fagma*, charge, fardeau.

XXXVI.   18 mai 1238.

[*Compositio inter ecclesiam Burgi et Giraldum Basteti dominum Crusseoli*]*.

Noverint univerfi prefentes litteras infpecturi, quod anno Domini M° CC° XXX° VIIJ°, xv kalendas junii, cum controverfia eflet inter ecclefiam Sancti Petri de Burgo Valentie ex una parte, & Giraldum Bafteti ex altera, fuper portu Rodani Valentie : ecclefia fiquidem afferebat fe habere in dicto portu medietatem tocius dominii & totum vilanatgium, quod Giraldus Bafteti neguabat, & econtra petendo dicebat medietatem tocius dominii & tres partes tocius vilanagii ad fe pertinere. Tandem vero poft multas altercationes dicta controverfia, mediantibus Aquino & W° de Vaefco canonicis Valentinis, auditis utriufque partis racionibus hinc inde propofitis & diligenter infpectis, de prudentum virorum confilio, affenfu & voluntate utriufque partis fopita eft amicabiliter in hunc modum. Ecclefia habebit libere & abfolute perpetuis temporibus duas partes

tocius dominii & duas partes tocius vilanagii portus predicti
undique : qui portus protenditur ex utraque parte riparum
a manſo Saramandorum uſque al Meias; & duas partes
omnium proventuum & tocius alterius commodi, in omnibus
que ratione portus vel uſuatgii[1] portus obvenient, vel alio
modo poſſunt vel debent ratione portus vel uſuatgii portus
obvenire, percipiet & habebit pacifice & quiete, & duas
partes expenſarum omnium comuniter faciet bona fide.
Giraldus Baſteti vero habebit terciam partem dominii dicti
portus & terciam partem tocius vilanagii tantum, & terciam
partem omnium proventuum & tocius alterius commodi, in
omnibus que ratione portus vel uſuatgii portus obvenient...,
percipiet & habebit pacifice & quiete, & terciam partem
omnium expenſarum faciet communiter bona fide ; & dictus
portus communiter bona fide debet locari & conductori plus
offerenti locabitur, unius partis cujuſlibet contradictione non
obſtante. Et eſt ſciendum quod eccleſia dedit Giraldo Baſtet
quingentos ſolidos, & Baſteto filio ſuo[2] centum ſolidos
Viennenſes, quos Arnaldus Ruffi procurator dicte eccleſie
nomine ejuſdem eccleſie plene perſolvit & numerando peccuniam ſatisfecit utrique, & de dictis quingentis & centum
ſolidis tenuerunt ſe plenarie pro paccatis, eccleſiam nichilominus & alios qui ſuper hoc tenebantur eiſdem pro eccleſia
abſolventes. Renunciantes expreſſim exceptioni non numerate
peccunie & non ſoluti precii, & ſi quid juris ſeu requiſitionis
dictus Giraldus in dictis duabus partibus portus habebat
tam in dominio quam in vilanagio vel videbatur habere,
totum dedit dicte eccleſie, remiſit penitus & guerpivit, & in
eandem eccleſiam tranſtulit ; promittens per ſollempnem
ſtipulationem per ſe & ſuos ſucceſſores Malleno de Podio
Boſone priori recipienti nomine eccleſie, quod ipſe Giraldus
vel ſui nichil facient per quod dicte due partes eccleſie poſſint
deteriorari, & quod nullo modo, nullo tempore eccleſiam
vel homines qui in portu erunt nomine eccleſie decetero

inquietent vel turbent vel moleftare prefumant, vel aliquam
aliam per fe vel per alios inferant violentiam. Hoc idem
totum per ftipulationem follempnem promifit Mallenus prior
Giraldo Baftet nomine ecclefie & mandato capituli. Et ita
de omnibus querimoniis quas fuper dicto portu hinc inde
ad invicem faciebant pax eft & concordia facta, amicabili
compofitione interveniente; quam pacem feu compofitionem
feu ordinationem fe inviolabiliter obfervaturos & nullo modo,
nullo tempore contra venturos predicti prior & capitulum,
& Giraldus Bafteti & Aldebertus frater ejus, & Baftetus
filius ejufdem Giraldi, tactis facrofanctis Evangeliis juraverunt, dictam compofitionem omologando. Actum in camera
W. de Vaefco, prefentibus teftibus Malleno priore, Ademaro cellarario, Guiguone Eruis, W. Chapairon, Arnaldo
Ruffo, canonicis dicte ecclefie; W. Chaftel capellano de
Subdione, Guichardone clerico, W. Gualbert, Bertrando
del Vilar militibus; Arberto bajulo de Cruciolo, Poncio Aoᵉ
Giraudo de Salis, Petro Ruffo, W. de Cruciolo & pluribus
aliis. Nos vero J., Dei miferatione fancte Viennenfis ecclefie
vocatus archiepifcopus, apoftolice Sedis legatus, hanc prefentem compofitionem, pacem feu ordinationem aprobamus
& eidem auctoritatem ad utriufque partis inftanciam inper-
timur, & ad majorem firmitatem & memoriam perpetuis
temporibus obtinendam prefentes litteras figilli noftri munimine fecimus roborari; & Nos M. prior & capitulum ad
eandem firmitatem perpetuam obtinendam, prefentem cartam figillo ecclefie Sancti Petri de Burguo *(fic)* fecimus com-
muniri; & Nos Giraldus Bafteti, ut perpetuis temporibus
prefens compofitio robur & firmitatem obtineat, huic prefenti carte figillum noftrum apponi fecimus; & Nos Wᵗˢ
electus Valentinus, ad preces utriufque partis, prefentem cartam fecimus figilli noftri munimine roborari.

(*) Reproduction de l'original, charte partie A-E; les quatre fceaux font
encore pendants dans l'ordre fuivant : l'archevêque de Vienne, l'évêque de

Valence, le chapitre du Bourg, Giraud Baltet. Le dos porte une analyse reproduite avec le texte dans l'*Invent. rais.* (f° 42, sous la cote n. 23) : *Bona compofitio & concordia facta per eccl. Burgi cum Gir. Bafteti dom. Cruceoli, fuper portu Rodani; & pertinent ecclefie due partes & tercia.... dom. Cruceoli, & non debent moleftari illi de ecclefia a Giraldo, & fi que expenfe fierent....., & debet locari communiter portus plus offerenti* etc.; & cette note : *manfus Saramandorum eft grangia cum pertinentiis Gononi de Laone.* Une expédition de cette charte fut délivrée le 27 juin 1384; voici un extrait de ce *Vidimus de facto portus* :

In Xpifti nomine, amen. Nos Johannes de Bello Caftro, canonicus ecclefie Valentinenfis, utroque jure bacallarius, regens officium officialatus Valentie pro reverendo in Xpifto patre & domino dom. A. de Saluciis fancte Romane ecclefie cardinali, adminiftratore ecclefiarum, comittatuum & epifcopatuum Valentinen. & Dienfis, notum facimus..... quod nos vidimus, tenuimus..... quoddam prima facie publ. inftrumentum, inpendentibus quatuor figillis cera alba figillatum, fanum......, nobis per vener. & circumfp. virum dom. dom. Durandum Champelli priorem fecularem ecclefie Sancti Petri de Burgo Valentie exhibitum.... cujus tenor eft talis :.... quod quidem inftrumentum, nos....., fedentes pro tribunali more majorum noftrorum in curia ven. capituli Valentin. fuper quadam catreda fuper qua federe elegimus...., tranfcribi juffimus.... Acta fuerunt hec in curia dicti ven. capituli Valentin., die xxviia menfis junii, indictione viia, anno Domini Mo CCCo ottuagefimo quarto, teftibus prefentibus dom. Johanne Dodoti & Johanne Boreya, presbiteris Valentie; ego vero Petrus de Gado, de Alefio Valent. dioc. clericus, notarius publ. & curie Valent. juratus.....

(1) *Ufagium*, redevance, preftation coutumière.

(2) C'eft le Giraud Baftet, IIe du nom, du P. ANSELME (*Hift. gén.*, t. III, p. 702).

XXXVII.   31 mai 1245.

Carta de portu inferiori Rodani.

NOVERINT univerfi prefentes litteras infpecturi, quod anno Domini Mo CCo XLo quinto, die mercurii poft Afcenfionem Domini, cum controverfia verteretur inter Capitulum

Sancti Petri de Burgo Valentie & Geraldum Balteti ex una
parte, & Bovetum de Portu & Petronillam fororem fuam
& Audetam filiam quondam Michaelis fratris dicti Boveti ex
altera, cui Audete pupille fuit datus tutor dictus Bovetus
a curia Valentina, fuper vilanagio portus inferioris ad tegulariam; cujus portus duas partes vilanagii Arnaudus Rufus
canonicus Sancti Petri de Burgo, factus & conftitutus procurator a dicto Capitulo & a dicto G. Baltet fuper dicta
controverfia, dicebat ad dictum Capitulum pertinere &
etiam ad dict. G. Balteti pleno jure : dicto Boveto pro fe &
forore & nepte predictis e contrario proponente totum vilanagium dicti portus ad eofdem pertinere. Tandem poft multas altercationes compromiffum fuit ab utraque parte in nos
Mallenum priorem Sancti Petri de Burgo & Vgonem Yfopi
canonicum ejufdem ecclefie, tanquam in arbitros feu arbitratores vel amicabiles compofitores, utraque parte pro-
mittente fub pena quingentorum folidorum Viennenfium,
quam penam pars parti ftipulanti promifit, fe atendere &
fervare bona fide quicquid fuper dicta controverfia a nobis....
effet diffinitum, ordinatum, mandatum feu dictum......;
penam vero...... pars que non obfervaret diffinitionem......
promifit fe foluturam.... parti que.... obfervaret.... Infuper
pro predictis omnibus obfervandis & atendendis, juravit pro
fe & dicta nepte pupilla..... dictus Bovetus, & hoc idem
juravit dicta Petronilla auctoritate mariti fui Columbi, &
Petrus Cocci pro parte fupradictorum ; & pro eadem parte
dati fuerunt fidejuffores Bonetus Melluras & Willelmus de
Prepofito. Pro parte vero altera juravit dictus Arnaudus
Ruffus, procurator dicti Capituli, in animam ejufdem capituli, [bona] etiam fua pro hiis fervandis obligavit; & Stephanus frater fuus fuit fidejuffor. Sciendum preterea quod partes
renunciaverunt expreffim omni legum auxilio & omni juri
canonico..... & omni privilegio clericali..... Nos vero dicti
M. prior & V. Yfopi..... arbitri....., vifis, auditis & dili-

genter intellectis peticionibus..... & responsionibus hinc inde factis, testibus etiam & instrumentis a partibus productis, tandem...... de consilio peritorum pronunciavimus duas partes vilanagii dicti portus ad dictum Capitulum & terciam ad dict. G. Bastet pertinere, eosdem Capitulum & G. Bastet in possessionem dicti portus inducentes & parti adverse perpetuum silentium imponentes. Actum Valentie in domo vicarii Valentini, anno & die quo supra, presentibus testibus Pon. vicario Valentino, Geraldo Bastet, Acstachio de Morgis, magistro Willelmo de Clariaco, Petro de Dievajua, Ademaro Cellararii, Lantelmo archipresbitero, canonicis Sancti Petri; Willelmo Lamberti de Charpei, Vgone Rollandi, clericis; Petro Renco, Willelmo del Vilar, militibus; Poncio de Stella canonico Valentino, Johanne vicariolo, Auriolo & multis aliis. Ad majorem vero firmitatem & perpetuam memoriam supradictorum omnium, est presens carta ad preces utriusque partis sigillis curie Valentine & Poncii vicarii Valentini & dicti Malleni prioris Sancti Petri de Burgo & Vgonis Ysopi arbitrorum munimine communita.

(') Extrait de l'original, parch. de 28 lig. coté n° 19; sur le dos se trouve cette analyse reproduite avec le texte intégral dans l'*Invent. rais.* (f° 44) : *Pronunciacio arbitrorum facta super questione quam habebant capitulum Sancti Petri & Geraldus Basteti ex una parte contra Bovetum de Portu, Petronillam sororem suam & Audetam eorum neptem, super vilanagio dicti portus, quod dicti Bovetus..... afferebant ad se totaliter spectare; sed fuit pronunciatum quod due partes spectant ecclesie & tercia pars dicto Giraldo.* — Des quatre grosses tresses auxquelles étaient appendus les sceaux, la deuxième seule a conservé le sien : c'est celui du chanoine Hugues Ysopi : il est de forme ogivale, long de 3 cent. 1/2; les armes sont parlantes : une branche d'hysope, avec cette légende : ✠ SIGILLVM : HVG : VOPIS : C......

XXXVIII.　　　　　　juin 1245.

De censu altaris Sancti Andree de Burgo[*].

Nos M. prior Sancti Petri de Burgo & capitulum ejuſdem loci, notum facimus omnibus quod cum magiſter Villelmus de Sancto Remigio prior Sancti Felicis Valentini & conventus ejuſdem loci ſazuiſſent[1] omnes cenſus, videlicet L.iiii[or] ſolidos Viennenſes, quos percipit ſervitor[2] altaris Sancti Andree de Burgo in territorio quod dicitur abbacia, quod eſt de dominio Sancti Felicis, quia ut aſſerebant jam deciderant in commiſſum[3], eo quod ſervitores dicti altaris cenſum v[e] ſolidorum cenſualium, quos ſacere debent ſingulis annis dicte domui pro cenſibus ſupradictis, retinuiſſent per tres annos, & placitamentum etiam xx. ſolidorum, quod ſolvi debet ſimiliter ab eodem ſervitore in muctatione tantum cujuſlibet ſervitoris ipſius altaris, domui ſupradicte non ſolviſſet Ricardus clericus qui erat illius altaris ſervicio deputatus, nec deſazire vellent ullo modo dictus prior & conventus cenſus proximo nominatos, niſi pena eſſet impoſita ſervitori altaris Sancti Andree ſi cenſum v[e] ſolidorum & placitamentum xx. ſolidorum, ut ſuperius eſt expreſſum, reddere diﬀerret ultra terminum ad hec ſolvenda aſſignatum. Tandem deſaziverunt ſupradictos cenſus ad inſtanciam noſtram & ad preces L. archipresbiteri de Alexiano, capellani & canonici Valentini. Et nos talem penam impoſuimus ſervitori ſepeſato, quod ſi ultra feſtum ſancti Andree cenſum detinuerit memoratum, ulterius non percipiat libram ſolitam in eccleſia Sancti Petri donec de

cenfu competenter fatisfecerit domui Sancti Felicis; & eandem
penam eidem fervitori imponimus, fi poft menfem a fufcep-
tione adminiftrationis dicti altaris placitamentum domui
Sancti Felicis reddere diftulerit fupradictum. Recognofcimus
etiam & fatemur, quod domus Sancti Felicis percipit decimam
in toto illo territorio ubi fepedictus fervitor percipit dictum
cenfum; percipit-etiam ibidem dicta domus placitamenta
cum terre venduntur, ficut in aliis terris que funt de fuo
pleno dominio hactenus percipere confuevit. Actum eft hoc
anno Incarnacionis Dominice Mº CCº XLº Vº, menfe junii;
in cujus rei teftimonium prefentem cartam figilli capituli
Sancti Petri de Burgo munimine fecimus roborari.

(*) L'orignal de cette charte, parch. de 26 lig. auquel pend une treffe en
fils de couleur verte, fait partie du fonds du prieuré de Saint-Félix, qu'il
intéreffait plus directement.

(1) D'où notre françis *faifir*; on rencontrera plus bas *defaxire* : le *Lexicon inf. latinit.* ne donne que *faxium*, faifie.

(2) Origine de notre expreffion moderne *defervant* d'une fuccurfale.

(3) Tomber en *commife* : état du fief qui, par le délit du vaffal, pouvait
être confifqué par le feigneur.

XXXIX.   27 novembre 1254.

De decima agnorum pastorum Lioncel, Sancti Felicis et Sancti Petri de Burgo*.

IN nomine Patris & Filii & Spiritus Sancti, amen. Nos
magifter Johannes officialis Valentinus, amicabilis compofitor electus comuniter a magiftro Willelmo priore Sancti
Felicis Valentie[1] ex una parte, & procuratoribus ecclefie

Sancti Petri de Burgo ex altera, in caufa que vertitur inter
ipfos fuper quadam decima agnorum in hunc modum.
Afferit prior Sancti Felicis Valen......, quod oves paftorum
Lioncelli jacebant tempore hyemali infra limites decimarie[2]
Sancti Felicis, & poftquam pepererant paftores transferebant
fetas cum agnis fuis in quoddam pratum quod eft de decimaria Sancti Petri de Burgo ubi fuerunt ad tempus, & eedem
oves cum agnis fuis manferunt in parrochia feu in decimaria
Sancti Felicis tempore quo agnorum decima percipi confuevit; & ideo dictus prior petit decimam dict. agnorum, cum
domus Sancti Felicis eandem perceperit pacifice & quiete a
tempore que non exftat memoria. Procuratores Sancti Petri
de Burgo negant narrata, ut narrantur, & dicunt petita
fieri non debere; item afferunt quod anno proxime preterito
poft Natale Domini, paftores Lioncelli fecerunt ramatam[3]
in decimaria Sancti Petri de Burgo, ad quam ramatam de-
portaverunt oves fetantes & fetus, ita quod quam cito &
ubicumque fetus facerent dicte oves, deportabant fetus &
oves ad dictam ramatam; item dicunt & afferunt, quod pro
majori parte illius temporis, videlicet a Natali Domini ufque
ad Pafcha, pafte fuerunt oves dict. paftorum infra limites
decimarie Sancti Petri, unde dicunt quod propter hoc debent
habere... decimam agnorum dict. ovium, quam petunt... fibi
adjudicari a nobis, domine judex; item afferunt quod ecclefia
in cujus decimaria colliguntur & jacent oves fetantes cum
fetibus debet habere decimam agnorum : hoc dicunt effe
confuetudinem iftius terre. Confitetur dictus prior omnia
fupradicta effe vera, excepta confuetudine quam negat. Nos
vero, lite fuper hiis a partibus conteftata, jurato de calumpnia,
teftibus ab utraque parte productis & etiam publicatis,
conclufo in caufa a partibus fupradictis, die veneris ante
feftum beati Andree affignata ad dictam caufam amicabiliter
concordandam, ipfa die, coram nobis partibus conftitutis &
petentibus a nobis dict. caufam jure vel concordia terminari,
dictum priorem & dict. procuratores Sancti Petri dicimus

intentiones fuas fuper hiis que propofuerant fundauiffe; unde ipfam caufam diffinimus & ordinamus amicabiliter in hunc modum : videlicet quod prior Sancti Felicis percipiat totam decimam agnorum quas oves fecerint in decimaria Sancti Felicis, licet deportati fuerint ad decimariam Sancti Petri, fi ibidem non permanferint ufque ad tempus quo decima agnorum levari confuevit, fed reportati fuerint feu reducti ad decimariam Sancti Felicis; & fi de decimaria Sancti Felicis deportati fuerint agni ad decimariam Sancti Petri & ibidem permanferint tempore quo levatur decima, illa decima inter partes predictas comuniter dividatur; fi vero alique oves fetus fecerint in decimaria Sancti Petri & ibidem permanferint feu inventi fuerint tempore quo levari decima confuevit, licet deportati fuerint ad decimariam Sancti Felicis, dicimus quod ecclefia Sancti Petri percipiat totam illam decimam; & fi fetus quos oves fecerint in decimaria Sancti Petri ad decimariam Sancti Felicis fuerint deportati & ibidem permanferint & inventi fuerint tempore quo levatur decima agnorum, dicimus quod illa decima inter partes predictas comuniter dividatur. Actum Valentie, in curia epifcopali, anno Domini M° CC° L. quarto, die veneris fupradicta, prefentibus teftibus Johanne Torreti presbitero, Breiffiaco facrifta Sancti Felicis, Poncio de Liberone canonico Sancti Felicis, Berengario; in cujus rei teftimonium prefentem cartam figillavimus figillo curie Valentine[4].

(*) Extrait de l'original, parch. de 21 lig., qui appartient également au fonds de Saint-Félix; il eft mentionné fous le n. 81 dans l'*Inventaire* des titres de ce prieuré, f° 18.

(1) Guillaume (de Saint-Remy), prieur de Saint-Félix en 1245 (tranfaction avec les hofpitaliers de Valence touchant la dîme des agneaux), l'était encore en novemdre 1265.

(2) *Decimaria* indique également le champ foumis à la dîme & le droit de la percevoir.

(3) De *rama*, ramée, fagot, feuillée, hutte de feuillage.

(4) Nous avons fréquemment rencontré aux archives de la Préfecture le fceau de la cour de l'officialité de Valence; petit, de forme ogivale, il porte un dextrochère tenant une croffe de juridiction tournée à gauche & a pour légende : ✠ S. CVRIE|VALENTINE :.

XL.   13 avril 1256.

[Alexandri IV papæ commissio de causa inter capitulum Burgi et alios].*

Commiffio per Alexandrum papam IIII. direĉta officiali Dyenfis, quatenus audiret caufam, & appellatione remota fine debito decideret, per Capitulum Burgi movendam contra priorem Sanĉti Felicis Valentiæ, reĉtorem eccleſiæ de Tornone, Geneſium de Urro[1], Arnaudum de Caſtro Buco, milites & quofdam alios Viennenſis, Valentinenſis & Dyenſis civitatum & diœceſeon, quia injuriabantur eifdem fuper quibufdam decimis, pecuniis, redditibus, terris, poffeffionibus & aliis rebus. Datum Lateranen., idibus aprilis, pontificatus fui anno ij°.

(*) Analyſe tirée de l'*Invent. rais.*, fº 14 vº.

(1) Gui d'Urre, fils de noble Guillaume, avait vendu la même année au prieuré de Saint-Félix les redevances *(tafchas)* qu'il percevait dans les terres de cet établiffement & au mandement de Montelier, pour le prix de 8 livres (*Invent.* des titres *de Saint-Félix,* fº 47 vº, nº 287).

XLI.   4 novembre 1261.

[Emphyteosis a præposito Valentino abbati Leoncelli facta].*

Nos Guilhermus Hugo de Montilio prepoſitus Valentinus, notum facimus univerſis...... quod nos, pro evidenti

utilitate prepofiture noftre, damus & concedimus in perpetuam emphyteofim vobis fratri Andree abbati Lyoncelli,
nomine ipfius monafterii Lyoncelli recipienti, & fuccefforibus
veftris, tres pecias nemoris fitas in Javaifano[1], in territorio
quod vulgariter appellatur Perreyra, que contiguantur a
duabus partibus nemoribus domus del Coogner[2], & ex
altera vie publice qua itur verfus Romanum; item & unam
petiam terre fitam ibidem, contiguam ab una parte dictis
nemoribus, & ex altera terre Sancti Petri de Burgo, & ex
altera vie Romanis; item & aliam terram contiguam nemori
Duranti Berbierii ex una parte, & ex altera campo noftro,
& ex altera terre Petri de Sancto Bartholomeo; item &
unam peciam nemoris fitam in territorio del Coig, que olim
fuit Sancti Anthonii[3]; & generaliter omnes terras cultas &
incultas, nemora, pafcua, venationes, & quecumque olim
a nobis tenuit feu a noftris anteceffioribus domus Sancti
Anthonii in dicto territorio de Javaifano, fubtus viam &
fuper viam; item & quandam peciam nemoris cum venationibus fuis que eft fita al Coig, & confrontatur ab una parte
cum quadam terra domus del Coogner, & ex altera cum
violo qui vadit ad pratum domus del Coogner : retento
nobis & fuccefforibus noftris in fupradictis omnibus directo
dominio & octo foludis Viennenfibus cenfualibus, folvendis
quolibet anno nobis & noftris in fefto beati Appollinaris; &
promittimus vobis....... quod nos predicta omnia vobis
deffendemus ab omni inpetitore, & vos & veftros fucceffores
faciemus habere & tenere & pacifice poffidere......; & confi-
temur & recognofcimus nos a vobis habuiffe & recepiffe
pro dicta datione & conceffione decem libras Viennenfes. Et
eft fciendum quod Stephanus & Hugo Richardi fratres,
bajuli noftri, jus bajulie quod habebant in predictis dederunt,
cefferunt & remiferunt dicto abbati in perpetuum, confi-
tentes fe habuiffe a dicto abbate... viginti folidos Viennenfes;
quare nos..... renunciamus..... Et nos G. decanus & capi-

tulum Valentie......, confiderantes predicta effe facta pro
utillitate ecclefic Valentine, eadem approbantes, in fignum
approbationis prefentibus licteris figillum capituli Valentini
duximus apponendum; & nos dict. prepofitus.... figillum
noftrum..... Actum eft hoc anno Domini millefimo ducentefimo fexagefimo primo, die veneris poft feftum Omnium
Sanctorum.

(') Le texte de cette charte ne nous a été confervé que par la tranfaction
du 6 mai 1531, dans laquelle elle fut inférée.

(1) Le monaftère du Bourg avait dans fes dépendances l'églife de Saint-
Marcel de *Javeyfans* (ch. XIII, n. 10).

(2) Le domaine du Cognier était une des principales dépendances de
l'abbaye de Léoncel.

(3) L'ordre de Saint-Antoine de Viennois poffèda anciennement plufieurs
terres dans le Valentinois (*Archives de la Préfecture*).

XLII.   *circ.* 1261.

[Census domus del Conners præposito Valentiæ][*].

Le Conners fai al preboft iiii. libr. ceffals paiar a la S.
Apolenar e dos fromaiges que devont valer vi. fols, par v.
chabanarias e par lo claus preboftal Manaifa, e par una
pella de terra e par una pella de pra que font a Moillafola,
e par tres pellas de bofc que font Manaifa el loc que es
appellas a Peireira, e tochant fe de doas partz al bofc del
Connier e d'autra partz a la via pubica de Rotmas; & par
una pella de terra aqui meefme, que fe ten d'una partz al
bofc davandit, & d'autra partz a la terra de S. Pere de Borc,
& d'aultra partz a la via de Rotmas; & par aultra terra que
fe ten d'una partz al bofc de Durant Berbier, & d'aultra
partz al champ del preboft, & d'aultra part a la terra deu

Jon. de Sainct Bartalmieu; & par una peſſa de boſc que es
el terraor del Coing, qui ſe ſaienreire de S. Anthoni. Et gene-
ralement per totas las terras cotivas & non cotivas, box,
paſquers e chaſſas; & par totas las chauzas que tenian ſaienreire dels preboſt li maiſos de S. Anthoni el dit terraor de
Javaiſa de ſotz la via & de ſobre la via; & par una peſſa de
boſc en las chauzas que es al Coing, e tocha ſe d'una partz
an la terra del Conier & d'aultra partz an lo viol qui vai al
pra de la maiſo del Conier : retengu al preboſt & ſos ſuc-
ceſſors en totas las chauſas que ſont dechas la ſeignoria &
par las paſquers de la Chalm & de tota la preboſtia.

(*) Cette notice en langue vulgaire eſt tirée de la tranſaction du 6 mai
1531; ſa date approximative eſt déterminée par la charte précédente dont
elle reproduit la majeure partie.

XLIII.   11 mai-4 juillet 1264.

Testamentum bone femine Mauricie uxoris Petri Jovencelli *.

Nos Euſtachius de Deiadjutorio, canonicus & procurator ecclefie Sancti Petri de Burgo Valentie, notum
facimus univerſis preſentibus & futuris, quod anno Domini
Mᵒ CCᵒ LXᵒ IIIJᵒ, quarto nonas julii, oblata nobis quadam
carta clauſa, ſeptem ſigillis ſigillata, totidemque ſignis &
ſubſcriptionibus ſubſcripta & conſignata, in qua dicebatur
ultima voluntas bone femine uxoris quondam Petri Jovencelli, ad requiſitionem Bartholomei Ruffi & Petroneti Jovencelli filiorum dicte bone femine, vocatis etiam omnibus
quorum intererat, preſentibus teſtibus qui in dicta ultima

voluntate dicebantur interfuisse...., sigilla sua.... per juramentum recognoscentibus....., adhibitis etiam aliis sollemp-
nitatibus que debent in talibus adhiberi, dictam cartam.....
aperuimus & publicavimus, cujus tenor talis est :

✠ In nomine Domini nostri Jhesu Xpisti, anno Incarnationis ejusdem M° CC° LX° IIII°, sabbato post dominicam qua cantatur *Jubilate*. Ego bona femina, uxor Petri
Jovencelli, filia quondam Stephani Ruffi, sana mente licet
infirma corpore, diem mortis mee cupiens prevenire, de
bonis meis mobilibus & immob. ordino & dispono & testamentum meum seu ultimam voluntatem meam facio in
hunc modum : In primis volo & precipio quod executores
mei sedant clamores meos, solvant debita, elemosinas &
legata, de bonis meis pacifice & quiete; heredes meos facio
& constituo Bartholomeum clericum & Perronetum Jovencelli, filios meos, in vinea & terra que habeo in Carcusculis,
que relinquo eisdem comuniter in hac forma : volo autem
& precipio quod predicti heredes mei vel possessores dicte
vince & terre faciant in perpetuum singulis annis anniver-
sarium meum in ecclesia Sancti Petri de Burgo de trecentis
solidis cum libra & elemisona, prout ibidem consuetum est
fieri pro CCC. sol., in cujus* cimiterio meam eligo sepultu-
ram; item volo & precipio quod dict. Bartholomeus filius
meus habeat & percipiat C. sol. Viennenses, quos mihi debet
Guenisus mercers, de quibus faciat expensas sepulture mee;
item relinquo eidem B. filio meo xiiij. linteamina & v. mapas
que fuerunt Girberni de Riperia patris sui, de xvi. linteaminibus que reddidit michi Petrus Jovencelli quando recessi
ab hospicio suo; item relinquo eidem B. archam meam nuce-
rinam; item relinquo eidem B. domum & casale que habeo
in carreria, que quondam fuit Stephani Ruffi patris mei;
item volo & precipio quod dict. B. filius meus habeat &
percipiat fructus hujus anni predicte vinee de Carcusculis,
cum ipse fecerit expensas dicte vinee anni presentis, & volo

& precipio quod dict. Petronetus filius meus de predicta medietate vinee & terre de Carcusculis sit contentus nec quod amplius possit de bonis meis exigere seu habere; item volo & precipio quod executores mei vendant clamidem meam del pers vistent, & clamidem meam de bruneta nigra, & clamidem meam de flamine forti, & tunicam meam de bruneta : & de precio solvant duobus capellanis Sancti Petri & vicariis suis xxx. solidos Viennenses, quos sibi relinquo pro uno annuali, & cuilibet aliorum sacerdotum dicte ecclesie Sancti Petri, exceptis capellanis & vicariis suis, solvant unum tricesimum quod sibi lego; si vero aliquid residui fuerit totum distribuant executores mei in piis causis, secundum quod eis melius videbitur expedire. Ecclesie Sancti Petri lego v. sol., operi ejusdem ecclesie v. sol., pro lecto meo x. sol.; item Hospitali Sancti Jacobi Valentie lego unum lectum cum cultura & pulvinari & duobus linteaminibus & una flassata; item Petronille Corrigie nepti mee lego tunicam meam de .... & clamidem meam de more; Mauricie Corrigie nepti mee lego meum rozol. Executores hujus mee ultime voluntatis facio dom. Petrum de Chabannis & Guigonem de Podio sacerdotes, quibus dono plenam & liberam potestatem..... omnia faciendi que ego de bonis meis facere possem si presens essem, & dono cuilibet x. sol. pro labore suo. Hec est ultima voluntas mea, quam volo valere modis omnibus quibus valere potest...... Item lego Mauricie moniali Subdionis nepti mee supertunicale meum de flamine forti. — In quorum testimonium presentem cartam sigillari fecimus sigillo ecclesie Sancti Petri.

(*) Extrait de l'original, parch. de 37 lignes & demie, auquel pend le sceau de Saint-Pierre du Bourg sur lemnisque.

XLIV.   18 septembre 1265.

[*Clementis IV papæ confirmatio privilegiorum*]*.

CLEMENS episcopus, fervus fervorum Dei, Priori & Capi-tulo ecclefiæ Sancti Petri de Burgo, falutem. Omnes libertates & immunitates a prædeceſſoribus veſtris (*leg.* noſtris), five per privilegia five alias indulgentias ecclefiæ veſtræ feu vobis conceſſas, nec non libertates & exemptiones fæcularium exactionum a regibus & principibus vel aliis Xpiſti fidelibus rationabiliter vobis indultas, ſicut eas juſte & pacifice obtinetis, vobis & per vos ipſi ecclefiæ confirmamus. Si quis autem hanc paginam noſtræ confirmationis infre-gerit, indignationem Omnipotentis Dei & beatorum apoſto-lorum Petri & Pauli ejus ſe noverit incurſurum. Datum Perufii, decimo quarto kalendas octobris, pontificatus noſtri anno primo.

(*) Texte abrégé confervé dans l'*Invent. rais.*, f° 11 r°, où il eſt précédé de ce titre : *Bulla Clementis papæ IIII, per quam confirmavit omnia per præ-deceſſores (fuos) ecclefiæ Sancti Petri de Burgo conceſſa, ut fequitur*.......

XLV.   13 juillet 1267.

[*Clementis IV bulla de numero canonicorum*]*.

Bulla Clementis papæ IIII, confirmans numerum quin-decim canonicorum, quem Joannes archiepifcopus Vien-nenfis, authoritate R. Portuenfis epifcopi Sedis apoſtolicæ legati, in ecclefia Burgi ftatuerat, prout dicitur in præcedenti carta [1]. Datum Viterbii, iij° idus julii, pontificatus fui anno tertio.

(*) Analyfe tirée de l'*Invent. rais.*, f° 14 v°.
(1) Voir la charte XXXI.

XLVI. 30 octobre 1269.

[*Carta*] *de facto portus Rodani**.*

Nos magifter Guillelmus, officialis Valentinus, notum facimus univerfis prefentem cartam infpecturis, quod Petrus Chais, canonicus ecclefie Sancti Petri de Burgo Valentie ac procurator capituli ejufdem ecclefie...., nobis fignificavit quod, cum olim orta fuiffet contencio inter Juvenem Chapus ex una parte & Bartolomeum Vincencii & Stephanum fratrem ejus ex alia, fuper quadam vendicione feu afcenfacione obvencionum portus Rodani Valentie contingencium ecclefiam fupradictam, quis ipforum deberet preferri, dicta contencio terminata fuit feu fopita per magiftrum Guillelmum de Verduno tunc temporis officialem Valentinum, in quem predicte partes & predict. capitulum, una cum Andrea Bovinz canonico dicte ecclefie per fe cum quibufdam aliis canonicis dicte ecclefie quorum intererat, dict. controverciam pofuerunt tanquam in amicabilem cumpofitorem finiendam & terminandam. Unde timens dict. Petrus procurator dicti capituli, ne proceffu temporis fuper dicta contencione fopita iterum queftio oriretur; timens etiam mortem teftium & abfenciam diuturnam (eorum) qui prefentes fuerunt, & ne poffet fibi & capitulo fupradicto

probacionis copia deperire, peciit a nobis iftantiffime......
ut teftes..... quos produxerat coram magiftro Deodato, tunc
temporis officiali Valentino,..... publicaremus & dicta ipforum in formam publicam redigi faceremus. Unde nos,
confiderantes quod jufte petentibus non eft denegandus
affenfus, cum nobis conftaret per acta curie Valentine que
agitata fuerant coram magiftro Deodato, predictos Bartolomeum, & fratrem ejus & An. Bovini citatos fuiffe ut
venirent teftes jurare vifufi quos intendebat producere dict.
procurator, dicto A. Bovini die affignata conparente, aliis
filicet *(fic)* Stephano & B. Vincencii minime cumparentibus ;
dict. magifter Deodatus fuper articulis traditis..... teftes
recepit, quorum articulorum tenor talis eft : — Intendit
probare Petrus Chais, procurator prioris & capituli Sancti
Petri de Burgo Valen..., quod contencio orta fuit *ut fupra;*
item intendit probare quod Juvenis Chapus dicebat feu
contendebat vendicionem feu afcenfacionem dicti portus fibi
fore factam fuiffe ad duos annos, ab Avione tunc temporis
procuratore dicte ecclefie; item intendit probare quod Stef-
phanus Vincencii nomine fuo & fratris fui... contendebat...
afcenfacionem dicti portus fibi fore factam fuiffe ad tres
annos per A. Bovini tunc temporis procuratorem ecclefie
predicte, precio L* & trium librarum Viennenfium; item
intendit probare quod.... predicti.... pofuerunt dict. contro-
verfiam in magiftrum Guillelmum de Verduno, tunc temporis officialem Valentinum.....; item intendit probare quod
dict. A. confeffus fuit fe recepiffe dictas L. & tres libras ex
caufa predicta coram dicto officiali...... & verfas fuiffe in
utilitatem ecclefie, dicto capitulo hoc negante; item intendit
probare quod dict. officialis amicabilis compofitor, auditis
hinc inde propofitis, voluit & mandavit quod predicti Juvenis Chapus & fratres in fimul habeant obvenciones portus
per duos annos; item intendit probare quod fuper L. & tres
libras voluit & mandavit quod, fi predict. A. poffet often-

dere infra quindecim dies quod predicta pecunia esset versa
in utilitatem ecclesie seu capituli, dict. capitulum seu ecclesia
teneretur ad reddendam predicte peccunie summam fratribus antedictis, alioquin dict. A. predictis fratribus teneretur satisfacere; item intendit probare quod dicte partes
dict. mandatum seu voluntatem aprobaverunt; item......
quod tres anni sunt elapsi vel circa quod predict. mandatum
fuit prolatum. — § Dicta predict. testium sunt hec : Hugo
de Stella t(estis) ju(ratus) inter(rogatus) super primo ar(ti-
culo)..... nono, dixit per juramentum suum esse verum
prout in eis continetur; inter(rogatus), quomodo hoc
sciebat, dixit quod predict. omnibus interfuit & audivit;
item de loco, dixit quod in curia episcopali, juxta parietem
qui dividit curtem ospicii episcopalis & curtem que est a
parte stabuli episcopalis; inter(rogatus) de presentibus, dixit
quod bajulus Valentinus, Ar. del Fraysse & dom. Lantelmus de Balma, Guilielmus del Chafac, Guilielmus de
Clairiaco, Bernardus Martini, dom. P. de Deiajutorio,
magister Helyas; inter(rogatus) de tempore, dixit quod tres
anni sunt elapsi post capitulum Sancti Petri de Burgo, quod
celebratur in festo apostolorum Petri & Pa(u)li. Guilielmus
de Clairiaco in(terrogatus), dixit.... idem per omnia quod
primus; inter^us de presentibus, dixit quod Arnaudus del
Fraysse, Guilielmus del Chafal, & bajulus Valentinus &
plures alii de quibus non recordatur. Ber. Martini.......
sigillatim & singulariter...... de ciencia, loco, & tempore &
presentibus, dixit idem quod primus. Magister Helyas.....
dixit super 1° art., quod bene vidit eos contendentes.... in
curia Valentina & quod quilibet eorum dicebat se preferre
in dicta ascensacione; super 2°, dicit quod vidit Augo recog-
noscentem quod ascensaverat dict. portum Juveni Chapus
ad duos annos; item audivit ab A. Bovini quod ascensaverat
dict. portum Bar. Vincencii ad tres annos, de precio non
recordatur; super 3°, dixit quod bene audivit a Bar. Vin-

cencii quod dictus A. ascensaverat sibi dict. portum ad tres
annos & precio L. & trium librarum......; super 4°, dixit
quod controversia fuit posita in magistrum Guillelmum
de Verduno........; super 5°, dixit quod bene audivit dict.
Andream confitentem quod dict. Bartolomeus satisf(ec)erat
eidem........ & quod peccunia versa fuerat in utilitatem
ecclesie, majori parte capituli seu saniori hoc negante;
super 6°, dixit quod dict. officialis mandavit quod dict.
Juvenis & fratres haberent dict. portum ad duos annos
insimul, de forma non recordatur; super 7°, dubitat; super
8°, dixit quod bene credit quod partes aprobaverunt dictum
dom. officialis; super 9°, dixit quod fere sunt tres anni elapsi
quod hoc fuit. Dom. Petrus de Deiadjutorio..... dixit idem
per omnia quod primus, & super 6° art., dixit plus quod
dicti Juvenis Chapus, & Bar. & frater suus non receperunt
mandatum quod continetur in pred. art.... — Nos igitur,
citatis primo dict. A. Bovini & fratribus, ut die martis ante
festum Omnium Sanctorum coram nobis co(m)parerent,
visuri publicacionem dictorum testium, sedentes pro tribunali, publicavimus dicta testium...... productorum; quibus
publicatis, ad eternam rei memoriam prebentes nostram
auctoritatem, in formam publicam redigi fecimus..... In
quorum testimonium nos dictus officialis, & ut major
firmitas dicte publicacioni prebeatur, ad preces dicti procuratoris, presentibus sigillum curie Valentine duximus apponendum. Datum III° kalendas novembris, anno Domini
M° CC° LX° nono.

(*) Extrait de l'original, parch. de 42 lig. d'une orthographe irrégulière,
avec sceau pendant; au dos se trouve une analyse qui en résume la teneur :
*Publicatio certorum testium examinatorum super ordinatione data per
dom. offic. Valent., super quaestione quam habuerant.... pretextu vendicionis
obventionum portus Rodani, que vendite fuerant dict. partibus ad certos
annos per diversas partes capituli, & queque pars litigancium petebat se
preferri*, etc.

XLVII.   6 décembre 1276.

Transactio monasterii Lioncelli cum domno preposito Valentie [*].

Noscant prefentes & pofteri quod, quoniam non folum interdum inter dubia fragiles hominum facile vacillant animi, fed etiam quandoque quod egerunt feliciter contrahentes demoliri moliuntur impudenter contrahentium fuccefferes; decet utique viros altioris induftrie univerfa eorum negocia cyrographorum inftrumentorumve litteralium perpetue memorie comendare, taliter ut ambiguitas inde quelibet abfcidatur, & omnis delirandi refricandique occafio pofteris precludatur. Idcirco pateat univerfis quod, cum materia queftionis & querele moveretur & agitari fperaretur inter venerabiles viros domnum Pe. Roftagni prepofitum Valentie ex parte una, & fratrem Martinum Gebenne monachum monafterii Lioncelli ordinis Cyfter-(cienfis), fubpriorem & procuratorem, fyndicum vel actorem ejufdem monafterii, nomine.... abbatis & conventus Lioncelli ex parte altera, fuper territorio & pafcuis dicti dom. prepofiti & ufu eorumdem, in cujus poffeffione & quafi fub annuo cenfu iidem abbas & conventus...... exiftebant & extiterant diu eft a temporibus retroactis, ut idem frater Martinus afferebat; tandem comunicato partium confenfu mediatoribus viris venerabilibus & difcretis, fcilicet magiftro Poncio Sablerii priore Sancti Petri de Burgo Valentie, & domno Hug(oni) de Stella canonico Valentino, dicta materia queftionis & querele terminata eft in hunc modum. Pro-

ductis primitus per eundem fratrem Martinum pluribus
testibus fide dignis examinatis, & exhibitis..... variis cartis
sigillatis sigillis cereis pendentibus plurium antecessorum
dicti dom. Pe. prepositi, quondam prepositorum Valentie;
unde previsis & cum deliberatione plena & diligenti, confi-
deratis depositionibus testium & cartis ab eisdem domnis
priore & Hugone de Stella, ipsi concorditer pro bono pacis
& concordie inter partes reformando cognoverunt..... man-
daverunt & diffiniendo.... in scriptis hiis redigi ad perhempnem memoriam...... obtinendam preceperunt, abbatem,
monachos & conventum monasterii & domus Lioncelli
debere & posse uti decetero pascuis in territoriis prepositi &
prepositure Valentie versus portum Confluentis & Chayssan
& Javaysan in omni territorio ipsius prepositure, videlicet
animalia sua & pastorum suorum & greges quorumcumque
a(nima)lium suorum omni anno & tempore in ipsum territorium ubique inducendo, tenendo & pascendo secundum
usum & consuetudinem (in) accensationibus pascuorum hactenus observatos; a claperiis vero & novis taillatis & damp-
nosis talis abstinendo, & pro hiis abbas & conventus......
Lioncelli donent & solvant ipsi Pe. preposito..... & prestare
debeant annis singulis successive perpetuo.... in presenti civitate Valentie, inclusis..... censibus & usagiis hactenus ab
ipsis dari & solvi (solitis) dicto preposito & suis predecesso-
ribus, quatuor libras usualis & currentis monete in ista
civitate Valentie[1] in bonis denariis numerandis, & duos
caseos de melioribus caseis ipsius domus Lioncelli ad valorem sex solidorum de moneta supradicta : salvo tamen
semper & retento usu & ingressu & egressu dict. pascuorum
& territorii dicte prepositure solum modo ipsis prepositis &
eorum hominibus & illis de Burgo Valentie & gregibus &
a(nima)libus eorumdem, exceptis aliis quibusque alienis. Quod
vero mandamentum, diffinitionem, statutum, ordinationem
& pronunciationem,.. prout prolata sunt & recitata,.. partes

ipfe.... approbarunt in continenti, emologaverunt & acceptaverunt; & nos capitulum, facta nobis per dictos Pe. prepofitum, & magiftrum Poncium priorem de Burgo &
Hug(onem) de Stella noftros concanonicos relatione de
premiffis & oftenfo quod fecundum fuam intentionem pre-
miffa cedunt & cadere videntur ad comodum dict. prepofiti
& prepofiture, fupradictis omnibus auctoritatem prebemus
& confenfum, predicta omnia in pofterum valitura concedentes & etiam confirmantes. Datum in fefto beati Nicholai,
anno Domini M° CC° LXX° fexto. In quorum teftimonium
& perpetui roboris firmitatem nos Pe. Roftagni prepofitus
& capitulum Valentinum carte prefenti figilla noftra duximus apponenda.

(*) Extrait de l'original, parch. de 26 lig. faifant partie du fonds de
Léoncel où il était coté *Lc* 508, avec cet autre titre au dos : *Carta prepo-*
fiture de Burgo de pafcuis & multis aliis.

(1) Voir charte XVI, note 5.

XLVIII.   22 juillet 1279.

[Transactio inter præpositum Valentinum et capi-
tulum Burgi super jurisdictione et aliis].

IN nomine Domini, amen. Notum fit omnibus...., quod
cum queftionis materia effet orta inter Petrum Roftagni
prepofitum Valentinum, abbatem Sancti Petri de Burgo
Valentie ex una parte, & capitulum Sancti Petri de Burgo
ex altera, fuper eo quod dictus abbas afferebat confirmationem prioris ecclefie fupradicte ad ipfum tanquam ad

abbatem ipſius ecclcſie pertinere, & quod ab eodem abbate prior de novo electus & ab ipſo confirmatus ad dexteram ipſius abbatis debet in choro collocari, item quod prior eidem abbati debet homagium & fidelitatem facere; rurſus aſſerebat idem abbas quod quando prior & capitulum Sancti Petri ſunt in aliquo negotio terminando negligentes totaliter ſeu remiſſi, quod tunc idem abbas, legitima tamen monitione premiſſa, ad illud negotium terminandum poteſt cum canonicis in capitulo intereſſe. Capitulo ecclcſie ſupradicte ex adverſo dicente, quod dictus prepoſitus ſive abbas injuriabatur eidem ecclcſie ſuper quodam foſſato quod proprium ipſius ecclcſie aſſerebat, prout protenditur dict. foſſatum a porta Curerie uſque ad portam Mauriciorum; item ſuper dominio cujuſdam orti ſiti in territorio de Loiſas, inter ortum altaris Sancti Apollinaris & ortum filie Chapuſii macellarii quondam, alveo quodam intermedio; item ſuper procuratione quam aſſerebat dict. capitulum eundem prepoſitum, quando fuit creatus de novo in prepoſitum, indebite recepiſſe in ecclcſia ſupradicta, cum nec ſibi nec ſuis ſucceſſoribus ad dict. procurationem ecclcſia teneri debeat; item ſuper eo quod preco Burgi Valentie debet preconiſare in Burgo non expreſſo nomine prepoſiti, ſed expreſſis nominibus abbatis, prioris & vicarii; poſtremo ſuper eo quod idem prepoſitus non permittit ipſi ecclcſie retinere ea que de feudis ſuis dicta ecclcſia vult emere, vel eidem ecclcſie donantur vel alias relinquuntur contra libertates & privilegia ipſius ecclcſie Sancti Petri. Tandem cum de predictis queſtionibus & multis aliis inter ſe diutius litigaſſent, idem prepoſitus pro ſe & ſucceſſoribus ſuis, de conſenſu & voluntate Gaufredi de Chaſta decani & totius capituli Valentini... ac nomine ipſius prepoſiture ex una parte, & dict. capitulum Sancti Petri de Burgo ex altera, unanimi voluntate & concordia.... compromiſerunt in diſcretos viros G. Baſteti abbatem Sancti Felicis, Lambertum de Montemayrano canonicum Valen-

tinum, & magiftrum Helyam de Salis, Johannem de Viriaco
& Berengarium, canonicos ecclefie Sancti Petri de Burgo,
tanquam in arbitros arbitratores feu amicabiles compofitores, & fub pena centum librarum Viennenfium... : preftito
etiam hinc inde a partibus corporaliter juramento, quod
ftabunt & parebunt diffinitioni..... arbitrorum....., eorum
arbitrium incontinenti emologabunt & perpetuis temporibus obfervabunt. Qui dicti arbitri, inquifita cum omni
diligentia veritate....., infpectis inftrumentis authenticis &
privilegiis ecclefie, auditis etiam que partes proponere voluerunt...., componendo & arbitrando voluerunt & pronunciaverunt : quod confirmatio prioris ad abbatem Sancti
Petri & prepofitum Valent. pertineat, prout etiam in authenticis ipfius ecclefie Sancti Petri dignofcitur effe confcriptum ;
& quod prior ab ipfo abbate ad dexteram ipfius abbatis
inftallari debeat, fidelitatem vero eidem abbati tantum ut
ceteri canonici facere teneatur; jurifdictio autem omnimoda
& poteftas plenaria, cohertio & correctio clericorum ecclefie
Sancti Petri & familie eorundem & omnium hominum
ecclefie commorantium in terra ipfius & communie eorundem, libere & integre penes priorem & canonicos communiter remaneat pleno jure; fane fi prior & capitulum in
aliquo negotio capituli terminando fuerint negligentes totaliter feu remiffi, tunc legitima monitione premiffa, abbas ad
illud negotium terminandum cum canonicis, fi voluerit,
poterit in capitulo intereffe : ordinatio vero ecclefie & capituli & omnium negotiorum ejufdem ad priorem & canonicos pertineat libere & abfolute, inconfulto abbate, ut ab
antiquo fieri confuevit; foffatum vero predictum cum pleno
dominio & jure ipfi ecclefie perpetuis temporibus in pace
remaneat, & totum dominium & cenfa orti predicti; preco
vero Burgi preconifare de cetero teneatur, expreffo nomine
abbatis, prioris & vicarii, & non faciendo mentionem de
prepofito Valentie; de acquifitione vero fuper feudis pre-

positi, ut ab antiquo erat, fuit fimiliter ordinatum, fcilicet quod dicta ecclefia de voluntate prepofiti fuper feudis fuis poffit adquirere & relicta fibi retinere, vel faltem poft interpellationem prepofiti infra biennium dicta legata, relicta feu adquifita eidem ecclefie vendere liceat vel in alium transferre; pro procuratione vero predicta ecclefia Sancti Petri de cetero abbati feu prepofito noviter inftituto centum folidos Viennenfes femel folvere teneatur, quos prepofitus in Burgo quando pompatice ab ipfa ecclefia recipietur in prandio dicte procurationis teneatur expendere, vel fi prepofitus maluerit quatuor libras eidem ecclefia in pecunia folvere teneatur. Verum ne difcordia inter prepofitum & ecclefiam Sancti Petri in pofterum poffit oriri fuper pifcatione foffati ipfius ecclefie & foffati de las Efclaufas dicti prepofiti, fic extitit ordinatum : quod prepofitus & ecclefia, vel ille qui foffatum ecclefie tenebit, femel in anno vel alias fi concorditer hoc facere voluerint, aquam poffint infimul vel alter eorum fuper foffatum per clauforium prepofiti retinere ne intret foffatum dicti prepofiti, & per tornatorium fubtus pontem Mauriciorum poffint dicta foffata & debeant exauriri : pro expenfis vero quas dict. prepofitus fecerat in tornatorio foffati ecclefie, dicta ecclefia feptem libras Viennenfes eidem prepofito folvere teneatur : de quibus ecclefia eidem prepofito plenarie fatisfecit; & ita fit pax & finis & concordia..... inter partes. Que omnia..... partes ipfe incontinenti emologaverunt, acceptaverunt & eadem fervare in perpetuum..... ad invicem promiferunt; renunciantes.... : falvis aliis compofitionibus & capitulis que non contradicunt compofitioni prefenti. Actum xi° kalendas augufti, anno Domini M° CC° LXX° nono; & ad majorem & perpetuam firmitatem predictorum habendam, prefens carta figillis dom. prepofiti & ecclefie Valentine & Sancti Petri de Burgo de mandato predictorum extitit infignita.

(*) *Le texte de cette charte est donné d'après un « Extrait à son original
» estant en parchemin deubement scellé & signé, exhibé & apres retiré par
» messire François Argueil, abbé & seigneur du Bourg les Valence.... pour
» servir ce que de raison au proces que led. sieur abbé a pendant en la
» senechaussée de Valence...., ce 9ᵉ décembre 1643; signé Arguel abbé.... »;*
il en existe une autre copie délivrée sur la requête de Mᵉ Denis Le Mercier
de Rollet, prévôt de l'église cathédrale de Saint-Apollinaire de Valence,
abbé de la collégiale de Saint-Pierre & haut-seigneur du Bourg, collationnée
sur l'original par Calvin, notaire, le 14 juin 1680. L'*Invent. rais.* en
contient une longue analyse, fᵒ 7 vᵒ-9. — Voir la charte XXX, qui a le
même objet.

XLIX.   3 septembre 1285.

[*Sententia prioris et correariorum in causa criminali*]*.

Habemus unum instrumentum sententiæ diffinitivæ in
capitulo ratæ in causa criminali, continens in effectu quod
domini Bernardus prior, Joannes de Viriaco & Chabertus
de Alexiano, canonici & conrearii ecclesiæ Sancti Petri de
Burgo, per deffinitivam sententian deposuerunt & privarunt
Joannem de Lugro canonicum & Guillelmum Odonis clericum a canonia, prebenda & clericatu, & beneficiis quæ
obtinent in dicta ecclesia, quia invenerunt manifeste illos
latrones malæ vitæ & conversationis. Receptum per magistrum Petrum Falqueti notarium, sub anno Domini Mᵒ
CCLXXXVᵒ & die lunæ post sanctum Julianum.

(*) Analyse prise dans l'*Invent. rais.*, fᵒ 15 rᵒ : *In primis habemus.....*

L.   3o juin 1293 & 12-16-23 mars 1297.

[*Attestationum publicatio de prioris et canonicorum jurisdictione, imperio et coertione in homines Burgi*]*.

Ecclefia habet magnum quoddam inftrumentum in quo funt quinque pellæ publicationis atteftationum teftium pro jurifdictione prioris & capituli Burgi optimum effectuale, continens quod dom. Hugo de Ruppe presbyter, procurator dominorum Hugonis de Peyraudo prioris & canonicorum ecclefiæ Sancti Petri de Burgo Valentiæ, tradidit dom. Girardo de Paffavent & Petro Galberti præpofito de Crifta, canonicis Valentiæ & Dyenfis falutem in Domino charitatem. Caufam quæ vertitur ex una parte feu verti fperatur inter vos, & priorem & canonicos ecclefiæ Sancti Petri de Burgo Valentiæ ex altera, fuper mero imperio in homines dict. prioris & canonicorum, vobis & cuilibet veftrum fimpliciter & de plano fine judiciario ftrepitu, omni mora & dilatione poftpofitis, committimus examinandam, audiendam & fine debito terminandam; ita quod, fi ambo veftrum intereffe fimul nequiveritis aut nolueritis, alter veftrum plus prædictum negotium exequatur. Datum Nantuati, die martis poft dominicam qua cantatur *Reminifcere*, anno Domini millefimo ducentefimo nonagefimo fexto, cum appofitione figilli noftri. — Qua littera a dictis commiffariis perlecta & dicto mandato in fe fufcepto, præfatus procurator exhibuit eifdem inftrumentum ejus procurationis receptum per Petrum Valerii notarium, fub anno Domini Mᵒ CCLXXXXIIJᵒ, in craftinum beatorum Petri & Pauli apoftolorum. —

Poftea, anno Domini M° CCLXXXXVJ & xvij calendas aprilis, coram eifdem commiffariis præfatus procurator comparuit, procuratorio nomine dict. dominorum prioris & capituli, dicens quod Lantelmus Aynardi, conrearius Valentiæ, nomine domini Epifcopi & pro ipfo fpoliavit præfatos dom. priorem, canonicos & capitulum poffeffione feu quafi exercitio jurifdictionis meri imperii, videlicet quendam latronem, quem curia dicti prioris jufti(fi)caverat fufpendendo in territorio & diftrictu dict. prioris & capituli, dictus correarius per violentiam & cum armis fecum detulit, & furcas dicti prioris combuxit feu comburi fecit & dictum latronem iterum ad furcas dicti domini epifcopi fufpendi fecit, in præjudicium & gravamen ipforum prioris & capituli. Igitur dict. procurator tradidit dictis commiffariis intentionem fequentem, fuper qua petit teftes fuos & probationes recipi & examinari, cujus intentio(nis tenor) talis eft : — Intendit probare dom. Hugo de Rupe presbyter, procuratorio nomine dom. Hugonis de Peyraudo prioris & capituli ecclefiæ Sancti Petri de Burgo Valentiæ, quod tam dict. prior quam prædeceffores ejus nomine ipfius ecclefiæ poffederunt & adhuc poffident per fe vel per alios, per fpacium temporis immemoratum, pacifice & quiete exercicium feu jus exercendi jurifdictionem criminalium quæftionum, tangentium etiam merum imperium in fuburbio prædicto, in habitantibus delinquentibus in jurifdictione & diftrictu dict. prioris & canonicorum, puniendo delinquentes ibidem tam morte naturali quam criminali & civili, exceptis hominibus jacentibus in jurifdictione & diftrictu dom. epifcopi & præpofiti Valentiæ & in dicto fuburbio delinquentibus; item, quod de prædictis eft vox & fama in dicto fuburbio & vicis circunftantibus : proteftans quod non aftringit fe ad omnia prædicta probanda, fed ea folum quæ fibi fufficiant de prædictis. — Et facta dicta probatione a dicto procuratore, petit idem procurator nomine quo fupra per eofdem commiffarios de-

cerni & declarari præfatos priorem & capitulum fpoliatos
fuiffe a poffeffione feu quafi dicti fufpenfi, & dict. fufpenfum
per dict. correarium eifdem fore reftituendum & ad hoc
compellandum per dictos commiffarios, & in pofterum pro-
hiberi ne dictos priorem & capitulum in talibus & confimi-
libus in pofterum præfumat perturbare feu etiam inquietare.
— Dom. Guillelmus Truchardi teftis juratus, interrogatus
fuper dicta intentione, dixit quod ipfe vidit, etc. Super qua
intentione fuerunt producti & examinati, & inde publicati
decem octo teftes, qui inter cætera depofuerunt fe vidiffe in
furcis prioris pofitis in Montata fufpenfum unum hominem
& duos homines, & etiam hominem facientem falfam mo-
netam, & hominem qui ducebatur ad patibulum propter
homicidium unius hominis, fed prior illum dedit cuidam
puellæ Petronillæ nomine in maritum, & comburi quandam mulierem quæ occiderat Claremontem badellum prioris, & fcindere pedem unius hominis, & fuftigare unum
hominem, & etiam in homines. Fuit facta hæc atteftationum publicatio per dictos auditores, ad inftantiam Hugonis
prioris Burgi & dom. Joannis de Viriaco conrearius (fic)
ipfius ecclefiæ, apud Valentiam, in domo habitationis dom.
Girardi de Paffavent canonici Valentin. & Dyenfis, teftibus
præfentibus Michaele Lamberti locumtenente correarii Valentiæ, dom. Petro, etc., & recepta per magiftrum Stephanum de Moyrenco·notarium, anno Domini millefimo
CCLXXXXVJ°, die fabbati ante dominicam qua cantatur
Lætare Jerufalem.

(¹) Extrait de l'*Invent. rais.*, f⁰ʳ 15 v°-17 r° : *Secundò.....* Vers la fin on
a mis en marge : *Prior Burgi cognofcit de crimine falfæ monetæ.*

LI. 27 avril 1297.

[*Sententia de restitutione hominis suspensi*]*.

Aliud instrumentum Ecclesia habet sententiæ latæ super
negotio in articulo supra proxime contento, continens quod
cum quæstio verteretur inter dom. Joannem Valentinum
& Dyensem episcopum ex una, & dom. Hugonem de Peyraudo priorem Sancti Petri de Burgo Valentiæ & dom.
Hugonem Rocha presbyterum, procuratorem dicti prioris
& capituli dictæ ecclesiæ, parte ex altera, super eo quod
dicti prior & dom. Hugo dicebant quod jurisdictio mera &
mixtum imperium, & omnis cohertio tam civilis quam criminalis infra Burgum & extra per totam terram dict. prioris,
ecclesiæ & communiæ eorumdem, pertinet communiter ad
præfatos priorem & capitulum, & eidem asserebant illis
injuriatum fuisse per nobilem Lantelmum Eynardi correarium Valentinum & per alios familiares dicti dom. episcopi,
quia Joannem Vaner latronem, suspensum in furcis dictæ
ecclesiæ, per curiales dicti prioris & ecclesiæ propter sua
delicta a dictis furcis removerunt cum armis & per violentiam, & alibi in furcis dicti dom. episcopi eundem
suspenderunt in grande præjudicium & gravamen dict.
prioris & canonicorum; dicto correario & Petro Sotono
procuratore dicti dom. episcopi in contrarium asserentibus
& dicentibus, quod merum & mixtum imperium ad priorem & canonicos minime pertinebat. Tandem domini Girardus de Passavent & Petrus Galberti canonici Valentinensis & Dyensis, judices dati a dicto dom. episcopo, ad
eorum sententiam diffiniendam processerunt sic : Cum nobis
constet per agitata in judicio coram nobis prædict. priorem
& canonicos intentionem suam legitime proballe, prædictum

fufpenfum habitantem in terra & jurifdictione ipforum
prioris & canonicorum pronunciamus fore reftituendum
eifdem ipfumque fufpenfum eifdem reftituimus per diffinitivam fententiam fententialiter cognofcendo. Ita facta fuit
hæc pronunciatio Valentiæ, in domo epifcopali Valentinenfi,
in præfentia dicti dom. epifcopi, & recepta fuit per magiftrum Stephanum de Moyrenco notarium, anno Domini
millefimo CC. LXXXX. feptimo, fabbatho poft octabas
Pafchæ.

(*) Extrait pris dans l'*Invent. rais.*, f° 17 r° : *Item....*, qui ajoute :
*Nota quod ecclefia habet duo alia inftrumenta vocata vidimus tranfcripta
a dicto inftrumento originali fententiæ diffinitivæ in præcedenti articulo
mentionato, quorum primum recepit magifter Joannes de Peciaco notarius,
fub anno Domini MᶜCCC.XV & die xii menfis aprilis; fecundum vero recepit
magifter Bertrandus Armulphi notarius, fub anno Domini MᶜCCCC.XXᵒ
& die xxvi menfis aprilis.*

LII. 6 avril 1305.

[*Confirmatio præpositi de compositione
cum domo Leoncelli*] *.

Nos Amedeus Bafteti de Cruciolo prepofitus Valentinus
notum facimus univerfis..., quod nos vifis & diligenter
infpectis quibufdam compofitionibus olim habitis inter pre-
deceffores noftros in prepofitura predicta ex una parte, &
religiofos viros abbatem & conventum Lyoncelli Cyter-
cenfis (*fic*) ordinis ex altera, in quibus invenimus quod
prefatus abbas & conventus nobis & fucceforibus noftris
faciunt & facere tenentur annis fingulis quatuor libras
Viannenfes ufualis & currentis monete in civitate Valencie,

& duos cafeos de melioribus cafeis ipfius domus Lyoncelli ad valorem fex foludorum Viannenfium, pro quibufdam manfis, terris, nemoribus, pratis, pafcuis, venationibus cuniculorum que a nobis tenent in emphyteofim perpetuam fub annuo cenfu predicto, prout in prefatis compofitionibus & licteris inde confectis plenius continetur; predict. compofitiones & licteras nos predict. prepofitus ratas habentes penitus atque firmas, ad petitionem religioforum virorum fratris Martini Rocha prioris & fratris Poncii Guidonis cellararii dicti monafterii Lyoncelli, ex certa fcientia... tenore prefentium approbamus, ratificamus ac etiam confirmamus, promictentes bona fide.... obfervare & complere... In cujus rei teftimonium & roboris firmitatem figillum noftrum prefentibus eft appenfum, anno Domini millefimo tercent. quinto, octavo idus aprilis.

(*) Le texte abrégé de cette charte eft fourni par la tranfaction du 6 mai 1531.

LIII. 27 avril 1311.

[Commissio episcopi super remissione nocentis][*].

Commiffio per dominum epifcopum Valentiæ, data abbati Sancti Ruffi & abbati Sancti Felicis, cognofcendi fuper remiffione per capitulum Burgi fieri petita de Stephano Amidonis, notario jurato curiæ officialis Valentiæ, per curiam ipfius dom. epifcopi arreftato, quia in quodam inftrumento figillo curiæ officialatus Valentiæ figillato fignoque ipfius Stephani confueto fignato vitium falfitatis dicitur commififfe, anno Domini M°CCC.XI° & die xxvii° aprilis.

(*) Analyfe tirée de l'*Invent. rais.*, f° 20 r°.

LIV.   12 mars 1313 & 29 juillet 1329.

[*Remissio pontonarii portus Rodani correario Burgi*]*.

In Xpisti nomine, amen. Per hoc publ. instrumentum evidenter cunctis appareat, quod anno Domini millesimo tricentesimo duodecimo, videlicet duodecima die mensis martii, indictione undecima, cum citatus seu adjornatus esset, ut dicitur, Johannes dictus Russus nunc pontonarius portus Rodani Valentie coram conreario Valentie, dom. Guillelmus de Cheveluco canonicus & conrearius ecclesie Sancti Petri de Burgo Valentie comparuit coram Perrino Durnasii nepote & locumtenente nobilis viri dom. Conradi Durnasii conrearii Valentie : qui dict. dom. Guillelmus allegavit & proposuit quod predict. adjornatus non tenebatur comparere nec procedere coram dicto conreario, quia non erat de juridictione dom. episcopi seu conrearii Valentie, ymo est & erat de juridictione conreariorum dicte ecclesie Sancti Petri, cum ipse sit & esset pontonarius portus Rodani Valentie & in omnes pontonarios dicti portus omnimodam juridictionem habent & habere debent & habuerunt eciam temporibus retroactis dicti conrearii. Et ad fidem faciendam.. exibuit.... quandam litteram sigillatam sigillo bone memorie dom. Humberti episcopi Valentie...; qua quidem littera diligenter inspecta...., auditis eciam testimoniis multorum astancium...., predict. locumtenens, assistente sibi dicto judice, remisit & deliberavit dict. adjornatum predicto dom. Guillelmo conreario....... pugniendum : cognoscendo ipsum & alios pontonarios quos dicta ecclesia habet in dicto portu esse de juridictione ecclesie Sancti Petri. De qua remissione.... Actum in domo dicta de vicaria, in qua tenetur curia Valentie, prefentibus teftibus dom. Jacobo Vagnardi canonico Valentie, magiftro Aymone de Berfenay juris-perito, Francifco Bonthofi de Stella notario, Johanne de Turnone, Bonthofo Mayrefii, Stephaneto dicto Panderoba badello curie Valentie, Guigone de Berlaut, Jacobo Va-gnardi & pluribus aliis fide dignis. Et ego Johannes de Peciaco, clericus Gebennenfis diocefis,... notarius & dicte curie Valent. juratus,.. ad requifitionem dicti dom. Guillelmi de Cherveluco conrearii dicte ecclefie, notam recepi de qua hoc pres. publ. inftrumentum fcribi feci, & licet femel reddi-tum fuerit conreario dicte ecclefie, de mandato ven^{lis} & difcreti viri dom. Petri Chambonis canonici & officialis Valentie & ad requifitionem dom. Jacobi Eloyfferdi, canonici & nunc conrearii dicte ecclefie Sancti Petri, afferentis aliud inftrumentum reperire non poffe, pres. inftrumentum fcribi feci.... & tradidi figillo curie Valentie figillandum. Actum de mandato michi facto per dict. dom. officialem in curte domus fue quam inhabitat, die xxix menfis julii anno Domini M°CCC°XXIX°, prefentibus teftibus difcretis viris dom. Johanne Chanays canonico dicte ecclefie & Armando Vayroudi de Cornacio.

(*) Extrait d'un *Vidimus* du 17 mai 1409, dont voici les paffages inftructifs :

In nomine Domini noftri Ihefu Xpifti, amen. Nos Poncius de Altovilari, licenciatus in legibus & officialis Valentinenfis pro rever. in Xpifto patre & domino noftro dom. Johanne de Pictavia, Dei gracia epifcopo & comite Valentinen. & Dienfis, notum facimus univerfis......... quod anno Domin. Incarnac. M°CCCC°IX° & die xvii° menfis maii, nos dict. officialis vidimus.... publ. inftrumentum.... nobis per difcret. virum dom. Johannem de Ulmeto presbiterum, procuratorem vener. virorum dom. prioris & capituli ecclefie Sancti Petri de Burgo Valen. prefentatum..... Actum vifionis, infpectionis, auctoritatis & decreti interpofitionis anno...., indict. ii°, ante domum habitationis noftre, in carreria publica dicta de Cleyriaco, in civitate Valentie; prefentibus teftibus Johanne Martini clerico Valent., comenfali noftro, & nobili Eynardo Dei Fecit, burgenfi Valentie. Ego vero Bertrandus Arnulphi not......

Le notaire reçut, tant pour la tranfcription de l'acte que pour l'appofition du fceau de la cour de l'officialité, 20 deniers.

LV.   7 février 1316.

Debitum anniversariorum ecclesie Burgi contra Bertrandum de Chasta, de Turnone[*].

Nos Durantus de Sancto Salvatore doctor decretorum, cannonicus Romanensis & officialis Valentinus, notum facimus... quod constitutus Bertrandus de Chasta, habitator Turnonis, in presencia Stephani Cotini notarii & curie Valent. jurati...., ad peticionem dom. Franconis de Tolaudo presbiteri in ecclesia Sancti Petri de Burgo, recipientis.... ad opus aniversariorum ecclesie predicte...., recognovit se debere & vere debet predict. aniversariis & conreariis eorumdem, septem libras & tres solidos bonorum Turonensium pro pensionibus non solutis temporibus preteritis, quas tenetur facere dict. aniversariis...., quam pecunie summam promisit dict. Bertrandus..... solvere & reddere..... prefato dom. Franconi.... hinc ad proximum festum Resurrectionis Dominice, aut ejus certo nuncio vel mandato, & eidem restituere.... omnia dampna, interesse, costas & gravamina... : cum omni renunciatione... Testibus presentibus : Johanne de Chasta, filio dicti Bertrandi, & Peronono porterio dom. Johannis de Viriaco archidiaconi Valentini. Actum in domo dicti dom. archidiaconi de Burgo, die veneris post festum Purificacionis beate Marie virginis, anno Domini M°CCC°XV°. Datum cum apposicione sigilli curie Valentine.....

(*) Extrait de l'original, parch. de 18 lig. avec lemnisque; au dos : *Debitum aniversariorum ecclesie Burgi de vij lib. iij sol. turon. contra Bertrandum de Chasta de Turnone, pro libracionibus non solutis temporibus preteritis, solvendis hinc ad Pasca......*

LVI. 20 avril 1325.

[*Restitutio juris tenendi macellum in Burgo*]*.

Reſtitutio per dominum Guilhelmum epiſcopum Valentiæ faɕa capitulo ecclefiæ Burgi & dom. præpoſito Valentiæ, de fpoliatione tenendi macellum in Burgo & ibi percipiendi certa jura per ejus officiarios & correarium Valentiæ defpoliatis, prout plenius conſtat fufeque patet per inſtrumentum receptum per magiſtrum   , fub anno Domini Mᵒ CCCXXVᵒ & die xxᵃ menſis aprilis.

LVII. 18 août 1325.

[*Carta venditionis vineæ de dominio ecclesiæ Sancti Petri*]*.

Iɴ Xpiſti nomine, amen. Per hoc prefens publicum inſtrumentum cunɕtis appareat, quod anno Dominice Incarnationis milleſimo tricenteſimo viceſimo quinto, videl. decima oɕtava die menſis auguſti...., Matheus Berins habitator Valentie, fciens..... vendidit & tradidit..... Jacobo Payrolerii civi Valentie..... inperpetuum quamdam vineam cum

fructibus ibidem pendentibus, fitam in territorio Burgi Valentie, in loco dicto in manfo Garnerii, prout confrontatur
a parte boree vinee dom. Guillelmi Armandi presbiteri, &
a parte orientis vinee Johannis Girardi condam, & a parte
occidentis vie publice per quam itur de dicto Burgo verfus
Caftrum Novum ad rippam Yffere.......; & hoc pro precio
in univerfo octo librarum bonorum Viennenfium, de quo
precio confeffus fuit dict. venditor fibi fuiffe plenarie fatis-
factum...; cedens & transferens...; renuncians...Verum cum
predicta vinea vendita fit de dominio ecclefie Sancti Petri
de Burgo Valentie, fub annuo cenfu trium cartalium vini
puri & feptem denariorum Viennenfium cenfualium, dict.
venditor deveftiens fe in manu difcreti viri dom. Johannis
de Chafta canonici & conrearii ipfius ecclefie...., dict. conrearius predict. venditionem laudavit & confirmavit &...,
recepto primitus a predicto emptore placitamento inde debito...., per tradicionem cujufdam baculi manualiter inves-
tivit eundem : falvo jure & dominio dicte ecclefie ac eciam
jure alieno. Acta funt hec in dicto Burgo, in curte domus
dom. Bartholomei condam, ante molendinum dictum de
Malo Confilio, prefentibus teftibus Petro Valerii notario &
Johanneto Franconis de dicto Burgo. Et ego Johannes de
Peciaco, clericus Gebennenfis dyocefis,.. notarius & capituli
ecclefie predicte juratus, prefens inftrumentum tradidi figillo
ejufdem ecclefie Sancti Petri figillandum.....

(*) Extrait de l'original, parch. de 48 lig. avec fceau de Saint-Pierre du
Bourg fur lemnifque; au dos : *Ayfo ges ly letra de la vyna dal mas
Garniyer de Jo. de Salvenct & de Math. Tubanni.*

LVIII. 26 juin 1330.

[*Sententia correariorum Burgi in causa criminali*]*.

Aliud Ecclefia habet inftrumentum cujufdam fententiæ diffinitivæ in caufa criminali ratæ, fic : Quod Joannes Bajuli, Caftri Novi Ifaræ, Stephanum Bruni de Burgo in terra pofita juxta Helemofinam cum enfe fuo taliter in capite maliciofe & acriter percuffit quod poft fex dies obiit. Igitur magifter Stephanus Pagani per correarios curiæ capituli Burgi commiffus, vifis ateftationibus teftium pro utraque parte productorum, dict. Johannem Bajuli a morte & ex caufa mortis ipfius Stephani per fuam fententiam diffinitivam abfolvit, & de vulnere illato condempnavit in xxv. libris, & ad reftituendum damnum paffum ratione dicti vulneris, videlicet fervitiis, fervitoribus & aliis rebus neceffariis reftituendis quibus pertineat exigere & per dictum Joannem reftituere propter prædicta. Receptum per mag. Stephanum de Moyrenco notarium, anno Domini MᵒCCC.XXX & xxviᵃ junii.

(*) Analyfe tirée de l'*Invent. rais.*, fᵒ 18 rᵒ : *Tertio.....*

LIX. 2 mars 1332.

[*Assignatio pensionis pro missa quotidiana in ecclesia Burgi*]*.

IN Xpifti nomine, amen. Noverint univerfi.... quod cum Humbertus de Saliente, de Burgo Valentie, olim infti-

tuerit in ecclefia Sancti Petri de Burgo predicto unam miffam
fingulis diebus imperpetuum celebrandam, & affignaverit
certam penfionem per capellanos dicte ecclefie fingulis annis
percipiendam fuper domibus ipfius Humberti fitas Valentie,
ante furnum novum dictum de Sancto Felice, prout predicta in teftamento ipfius Humberti dicuntur contineri;
hinc eft quod anno Dominice Incarnationis millefimo tri-
cent. tricefimo primo, videlicet fecunda die menfis marcii,...
Petrus Penchenati civis Valentinus, executor teftamenti &
ultime voluntatis predicti Humberti, una cum dom. Johanne de Dififia presbitero, cupiens & affectans penfionem
predictam predict. facerdotibus pro dicta miffa celebranda
in tuto ponere, ad hoc ne in futurum valeat deperire....,
voluntate & affenfu dicti dom. Joh. de Dififia confocii &
quoexecutoris fui,.... afcenfavit.... & tradidit, cum voluntate eciam & confenfu dom. Guillelmi de Deiadjutorio &
Johannis Bruni presbiterorum in dicta ecclefia procurato-
rumque aliorum facerdotum,....... Johanni Baratonis &
Alafie ejus uxori habitatoribus Valentie.... imperpetuum
medietatem feu quafi majoris domus ipfius Humberti condam, in qua funt duo foleria : que domus fita eft Valentie,
ante furnum novum appellatum de Sancto Felice, videlicet
illam medietatem feu partem que confrontatur a parte
boree alteri medietati ejufdem domus per ipfum Petrum
afcenfate Jacobo de Augufta & Andrevone ejus uxori, & a
parte venti domui Johannis Bergoyn, & a parte occidentis
domui dom. Johannis Hugonis presbiteri in ecclefia Valentina, & a parte orientis vie publice; afcenfavit, imquam,...
cum omnibus juribus,.... ftillicidiis,.... & appendiciis, fub
annuo cenfu mortuo feu fub annua penfione triginta & duorum folidorum bonorum Viennenfium folvendorum.... predict. facerdotibus.... in exhonerationem & pro attenuatione
penfionis annue affignate pro dicta miffa celebranda,....
videl. medietatem in fefto beati Johannis Baptifte & aliam

medietatem in subsequenti festo Natalis Domini, & de tali moneta de qua viginti denarii valeant unum Turonensem grossum de argento veterem domini Regis Francie cum o(bolo) rotunda de bono pondere & legali, seu quilibet Turonensis grossus de argento vetus dom. Regis Francie cum o.rotunda de bono pondere & legali valeat viginti denarios monete predicte. Cedens igitur & transferens....; promittens de evictione....; renuncians....; asserens etiam idem P. Penchenati predict. partem dicte domus esse de dominio sacristie in ecclesia Valentina, sub annuo censu duorum denariorum Viennensium censualium...; rogans.... Acta sunt hec Valentie, in curte domus Petri Ruffi de Cartaleto quam inhabitat,.... presentibus testibus ad hoc vocatis : Matheo Bergoyn & dicto Petro de Cartaleto, Petro de Noydent notario, Hugoneto Lamberti civibus Valentinis & Humberto Cerclerii de Turnone.

(*) Extrait de l'original, parch. de 55 lig.: *Instrumentum grossatum*, *sed non signatum*. A la suite de l'analyse inscrite au dos se trouve cette note : *Item, infra presens instrumentum est aliud instrumentum dom. Johannis de Sancto Bartholomeo, canonici Sancti Petri de Burgo Valencie, qui fecit heredem suum Johannem de Sancto Bartholomeo, filium Giraudi de S* Bartholomeo, cujus filius fuit canonicus Sancti Ruffi; & illorum bona sunt obligata pro novem florenis pensionis & specialiter quoddam pratum prope..... sancti Mayme in mandamento de Burgo.....*

LX.   12 septembre 1335.

[*Moderatio sententiæ contra presbyterum ecclesiæ Burgi*]*.

Sententia moderationis continens quod chorearii ecclesiæ Burgi dominum Joannem de Desisia presbyterum ecclesiæ fuprafcriptæ a beneficio, clericatu & privilegio Ecclefiæ, propter maleficia quæ in Petrum Ruffi de Montilifio perpetraverat, privaverunt; fed poft ipfi chorearii moderando pronunciaverunt dict. dom. Joannem remanere poffe in fuo beneficio & gaudere clericatu & privilegio Ecclefiæ ut per prius gaudebat, moderantes fententiam, videlicet in tribus librationibus fimplicibus fiendis, una in prima hebdomada Quadragefimæ, alia in hebdomada poft octabas Pafchæ, alia vero in hebdomada poft quindenam fancti Joannis Baptiftæ : prout conftat inftrumento fumpto per mag. Petrum Pillofi de Serra notarium, fub anno Domini M°CCC.XXX.V & xij feptembris.

(*) Analyfe prife dans l'*Invent. rais.*, f° 18 v°.

LXI.   1ᵉʳ octobre 1335.

[Remissio incarcerati vicesgerenti prioris Burgi facta].

Remiffio facta Hugoni de Porta Valentiæ, vicegerenti domini Guilhelmi Pareti prioris Burgi, per Joannem de Petragordia correarium Valentiæ, de Stephano Achardi in carceribus ipfius correarii mancipato, prout conftat inftrumento per Joannem Pologni & Petrum Textoris fumpto, fub anno Domini M°CCC.XXXV & die 1ᵃ menfis octobris.

(*) Réfumé tiré de l'*Invent. rais.*, f° 20 v°.

LXII.   20 octobre 1344.

[Testamentum Johannetæ relictæ, habitatricis
Burgi Valentiæ] *.

In Xpifti nomine, amen. Per hoc pres. publ. inftrumentum
cunctis appareat evidenter, quod Johanneta, relicta Guillelmi Roftagni, habitatrix Burgi Valentie, fana mente &
intellectu per Dei graciam & in bona exiftens memoria,
prout ex verbis ejufdem liquide apparebat, in prefencia....,
de fe & omnibus bonis & rebus fuis.... nuncupative ordinavit & fuum ultimum teftamentum nuncup. & fuam ult.
voluntatem fecit per modum qui fequitur. — Ego Johanneta, relicta..., habitatrix..., diem extremam vite mee cupiens prevenire ne decedam inteftata & ut extrema neceffitas
me paratam inveniat, de me & de omnibus bonis & rebus
meis.... difpono & ordino.... in hunc modum. In primis,
animam meam cum a corporeis nexibus fuerit liberata reco-
mendo prealtiffimo Creatori & gloriofe Virgini matri ejus
atque celefti curie paradifi, corpori vero meo eligo fepulturam in cimiterio ecclefie Sancti Petri de Burgo; deinde
precipio clamores meos fedari & debita, helemofinas &
legata mea folvi & reftitui fimpliciter & de plano per majus
heredum meorum; & lego cuilibet domin. incuratorum
dicte ecclefie Sancti Petri de dicto Burgo duodecim denarios
Viennenfes femel tantum; item, lego vicario eorumdem fex
denarios Viennen. femel tantum; item, lego Hofpitali beate
Marie de dicto Burgo duo linteamina cum una flafata,

femel tantum; item, lego Hofpitali beati Anthonii de dicto Burgo Valentie duo lintcamina cum una flaffata, femel tantum; item, volo & precipio quod de bonis meis dentur & diftribuantur Xpifti pauperibus in dicto Burgo Valentie, tam in pane quam in fabis & bocone neceffariis in predictis, fummam & valorem decem libr. Viennen. femel tantum; item, lego dilecto filio meo Johanni Roftagni de dicto Burgo vineam meam fitam in mandamento dicti Burgi, in loco vocato in Divifo, inter vineas dicti Johannis & dom. Guillelmi Armandi & Petri Jorneti; item, lego dicto Johanni filio meo triginta folidos bonorum parvorum Turonenfium femel tantum, loco aliorum triginta folid. quos Peronetus Roftagni habuit ab alia parte; item, lego Luquete, uxori dicti Johannis Roft. filii mei, meum meliorem gardacorcium & unam camifam novam; in omnibus autem aliis bonis & rebus meis..., fedatis tamen primictus clamoribus & debitis, helemofinis & legatis meis integre perfolutis, heredes univerfales michi conftituo dilectos filios meos Johannem & Peronetum Roftagni equis porcionibus. Hoc autem teftamentum nuncupativum..., revocata primitus omni alia ultima voluntate feu donatione caufa mortis, valere volo..., fi non fecundum leges..., fecundum canonicas fanctiones...; &... venientes michi ab inteftato, ut hanc ult. voluntatem meam per fidei comiffum compleant & actendant; rogans infuper & requirens teftes.... ut ferant teftimonium veritati.... Acta fuerunt predicta in dicto Burgo Valencie, in domo habitationis dicte teftatricis, vicefima die menfis octobris, anno Domini MᵒCCCᵒXLᵒ quarto, teftibus prefentibus dom. Johanne de Balma capellano & curato dicte ecclefie Sancti Petri, Johanne Defiderii, Johanne Fraguenis, Hugone de Secufiis, Lantelmo de Paris, Johanne Serrerie & Johanne Turpini, habitatoribus dicti Burgi; & me Johanne Lauterii de Stella Valent. dyoc..., notario publ. & curie Valentie jurato.....

(*) Extrait de l'acte dont nous donnons ici la partie intéressante (dans le cahier indiqué ch. suiv., n.*) :

Publicatio testamenti & ultime voluntatis Johannete relicte Guillelmi Rostagni, degentis in juridictione dicti prioratus.

In Dei nomine, amen. Nos Petrus Beroardi, canonicus & conrearius ecclesie Sancti Petri de Burgo, regens juridicionem prioratus dicti Burgi una cum Thoma Ysimbardi concanonico & conconreario ipsius ecclesie, ipso prioratu vacante propter mortem ven^lis viri dom. Guillelmi Pareti prioris ecclesie dicti Burgi, notum facimus.......... quod anno Domini M°CCC°XLIV° & die xv^a mensis januarii, ad quam diem hora vesperorum citati seu adjornati fuerunt coram nobis per Bertonum de Fayno servientem dicte curie dicti prioratus dom. Johannes de Balme curatus ecclesie dicti Burgi, Johannes Desiderii, Johannes Fragnonis, Hugonetus de Secusiis, Lantelmus de Paris, Johannes Ferrera, Johannes Taupini & Johannes Lauterii notarius Valencie, prohibituri testamentum & ult. voluntatem Johannete relicte Guillelmi Rostagni de dicto Burgo, degentis in & sub juridictione prioratus predicti, necnon Johannes & Peronetus Rostagni, filii & heredes dicte Johannete, apportaturi dict. testamentum & visuri & audituri publicationem....; comparuerunt in prioratu novo dicti Burgi....... Facta fuit presens publicatio in dicto Burgo, in prioratu predicto, testibus presentibus Johanne remenatore, Johanne Durandi muratore & Johanne de Monflor de dicto burgo & pluribus aliis fide dignis.

LXIII.   12 décemb. 1344-15 février 1345.

Inquisitiones curie prioratus Burgi Valentie, ipso prioratu vacante*.

Contra Petrum Andree sabbaterium de Burgo Valentie.

Anno Domini M°CCC°XL° quarto & die xii^a mensis decembris, pervenit ad audienciam discretorum virorum dom. Petri Beroardi & Thome Ysimbardi, canonicorum & conreariorum ecclesie Burgi Valentie, regencium curiam prioratus dicti Burgi Valentie, ipso prioratu vacante propter mortem bone memorie dom. Guillelmi Pareti prioris ecclesie dicti Burgi, quod Petrus Andree sabaterius, habitator dicti Burgi sub juridictione dicti prioratus, mala & inico motu, in die festo ob honorem beati Nicholay, in domo Petri Podialis sabaterii Valentie, (sump)sit Grossonam uxorem Petri Falavel per capsanam & eam precipitavit ad terram juxta ignem, ita quod nisi essent aliqui qui ibidem astabant combuxisset eidem caput suum, & ipsa precipitata cum genibus, pugnis & pedibus suis supra ventrem conculcavit, sic eo quod ipsam ita maliciose tractavit quod sibi opportuit duo implastra in suis constibus deponere. Et quia talia sunt mali exempli, etc.

Super quibus fuit inquisitum cum dicto Petro Andree, qui, suo previo juramento requisitus dicere veritatem, negavit omnia contenta in dicto titulo fore vera; dixit tamen quod propter verba maliciosa que dicta Grosseta habebat cum famulo ejus generis, quod idem Petrus Andree dixit eidem mulieri : tu potest esse mala mulier; & tunc ipsa dixit : ymo tu, quia tu & alii dimititis istos rixantes; & tunc ipse accepit eam per brachium dicendo : sedeas, quar tu say fares riot, & aliud malum non fecit eidem. Et juravit stare mandatis dicte curie & solvere judicatum, etc. Et fuit requisitus si volebat videre jurare testes quos dicta curia producere intendebat contra ipsum; qui dixit & respondit quod sic.

Postque, anno quo supra & die xiiij mensis januarii, fuerunt producti in testes pro parte dicte curie contra dict. Petrum Andree, videl. Penardus Bessonis, Petrus Poialis, Petrus Chavalher sabbaterii & Michaletus sabbaterii de Valentia, qui juraverunt ad sancta Dei Evangelia... dicere veritatem, remoto odio, amore, etc. — Datum in prioratu novo dicti Burgi.

Item, anno quo supra & die xj^a mensis febroarii, Penar-

dus Beſſonis, ſabaterius, teſtis interrogatus ſuper contentis
in dicto articulo ſibi in ſuo vulgali lecto expoſito, dixit ſe
tantum ſcire quod quadam die, de qua non recordatur, ipſe
loquens & plures alii de officio ſuo ſedebant in domo Petri
Poialis in una ſocietate, potando uno cimbalo; & tunc
dicta mulier venit ibidem & vidit quod dict. Petrus maritus
ſuus & quidam alter habebant litem inter ſe, & dixit ipſis
omnibus : vos non eſtis probi homines, quia non ſeparatis
iſtos qui litigant; & tunc ipſa adeſit dict. Matheum litigantem
cum dicto viro ſuo, & ſtatim dict. Petrus Andree dixit ipſi
mulieri : tu poteſt eſſe mala mulier, dimite ipſum; & accepit
eam per brachium & fecit eam ſedere ſupra ſcamnum. Alia
dixit ſe neſcire. Interrogatus ſi dict. Petrus Andree dict.
mulierem precipitavit ad terram nec conculcavit eam cum
pedibus ſuis, dixit ſuo juramento quod non. Interrogatus ſi
quando dict. Petrus dixit eidem mulieri : ſedeas, & fecit
eam ſedere ſupra ſcamnum, ſi percuſſit eam nec fecit ſibi
aliud malum quare ipſa debeat deferre amplaſtros, dixit ſuo
juramento quod non.

Item, Petrus Chavallerii ſabbaterius, teſtis interrogatus
ſuper contentis in dicto articulo ſibi in ſuo vulgari lectis &
expoſitis....., dixit in effectu idem in omnibus ut dict.
Perardus; interrogatus ſi vidit quod dict. Petrus dict. mulierem percuſſit de pugno nec eam peſtraverit ad terram,
dixit ſuo juramento quod non......

Poſtque, anno quo ſupra & die nona menſis febroarii,
fuit publicata dicta inqueſta dicto Petro & conceſſa ſibi
copia, dixit quod volebat ſtare & ſubire miſericordie dicte
curie.

Sequuntur condempnaciones. — Contra Petrum Andree.

Anno quo ſupra & die xv menſis febroarii, ven^lei &
diſcreti viri dom. Petrus Beroardi & Thomas Yſimbardi,
conrearii eccleſie Burgi....., viſa inqueſta contra ipſum,

quia repererunt tantum probatum de contentis in dicta
inquefta quod dict. Petrus accepit per brachium dict. Groffe-
tam & fecit eam & compulit federe, dicendo : tu poteft effe
mala mulier; idcirco, quia fuppofuit fe mifericordie dict.
dom. conreariorum, pronunciaverunt ipfum in decem folid.
Viennen. dandis dicte curie & in emenda inmote partis ad-
verfe, taxatione refervata : teftibus prefentibus Johanne
de Cufia clerico, dom. Giraudo de Verfenay lic(enciato) in
legibus & Jaufemando codurerio.

LXIV.   14-27 janvier 1345.

*Dacio tutele Johannis de Viennesio puberis de dicto
Burgo et inventarium bonorum ipsius* *.

IN Dei nomine, amen. Nos Petrus Beroardi, canonicus &
conrearius ecclefie Sancti Petri de Burgo Valencie, regens
juridictionem prioratus dicti Burgi, una cum Thoma Yfim-
bardi concanonico & conconreario...., dicto prioratu vacante (ut ch. LXII, n.*), notum facimus... quod ad noftram
accedens prefenciam Petronilla, uxor condam Petri de Vien-
nefio de dicto Burgo mater que Johannis filii comunis ipforum, que nobis innotuit & fignificare curavit quod cum fit
tutrix & gubernatrix dicti filii fui & ejus bonorum, & tutelam & adminiftrationem a tempore mortis viri fui gefferit,
ipfaque velit.... ad fecunda vota convolare & antequam
convolet velit reddere rationem & fattifationem dicto filio
vel alteri.... de geftis & adminiftratione, fupplicavit igitur
nobis, dicto filio fuo in pupillari etate exiftenti de tutore

ydoneo providere. Unde nos, fupplicationi utpote juri
confone inclinati, attendentes quod noftro incumbit officio
talibus pupillis de tutore ydoneo providere, citatis & evocatis
parentibus & amicis dicti pupilli & comparentibus Guillelmo
Albertini, Peronono de Brunis, avunculo dicti pupilli, dedi-
mus eidem tutorem Durantum de Broiffe de Caftro Novo
ad rippam Yfere, onus tutele in fe fufcipientem, facta primitus informatione.... fuper ydoneitate, probitate & lega-
litate dicti Duranti, & ipfo Peronono de Brunis requifito fi
volebat recipere & acceptare tutelam dicti Johannis ejus
nepotis, qui dixit & refpondit quod non, cum effet homo
fimplex & juvenis & occupatus nimis fuis negociis. Qui
quidem tutor promifit & ad fancta Dei Evangelia juravit...,
nomine dicti Johannis cum fari non poffet, utilia rerum &
bonorum dicti pupilli procurare & inutilia pretermittere
toto poffe, & rem ipfius pupilli falvam fore, & de bonis &
hereditate ipfius pupilli inventarium facere & computum
reddere, & dict. pupillum bene & fideliter regere & gubernare & bonis moribus inftruere & informare. Pro quibus
attendendis, precibus dicti Durantoni de Broiffac, Petrus
de Jaline & dict. Petrus de Brunis avunculus dicti pupilli
fe conftituerunt fidejuffores & principales pagatores & red-
ditores.... De quibus.... Acta funt hec in dicto Burgo, in
prioratu predicto, die xIIIIᵃ menfis januarii anno Domini
MᵒCCCᵒXLIIIIᵒ, teftibus prefentibus dom. Giraudo de
Verfenay, Petro de Ruppe burgenfi, Bertone de Fagno
badello dicte curie, Johanne de Subdyone, Guillelmo
Albertini & pluribus aliis fide dignis. Poftque dict. tutor
promifit..... ipfos P. & P. fervare indempnes. — Subfequenter vero eodem contextu dicta Petronilla, tutrix condam dicti pupilli, computavit & computum fuum reddidit
de geftis & adminiftratis per ipfam..... Poftque & incontinenti dict. tutor de bonis dicti pupilli fuum inventarium
facere inchoavit, premiffo venerabili figno fancte Crucis :

in nomine Patris & Filii & Spiritus Sancti, amen....; &
illico afferuit fe inveniffe de bonis dicti pupilli quandam
domum fitam in dicto Burgo...; item, die xxvii° januarii,
quandam vineam fitam verfus Charfuoles in mandamento
Burgi; item, aliam vineam.... loco vocato en Labeu.... &
quandam peciam terre; item, tres quartalatas terre fite verfus
montem Chalvet....; item, verfus Combouvet in mandamento dicti Burgi, aliam feftar. terre; item, verfus Colongias in eodem mandamento, tres quartal. terre.... Item
afferuit fe inveniffe in domo predicta duas tinas continentes
circa fex modia vini; item, fex boffas¹ diverfarum tenorum;
item, quinque anchas² tam magnas quam parvas, quarum
funt due de una & alie due fappo, & minores due dict.
ancharum continent circa xxx feft.; item, piftrinina ad
paftandum; item, duas menfes ad comedendum; item,
quoddam fcannum ad fedendum; item, unam caffiam
ferri; item, unam patellam & quoddam cacobum de hero;
item, duas cubfellas ferri; item, duos pitalfos, unum de
dimidio, & unam falheram ftagni; item, quoddam que-
quinendium & quafdam chanenas ferri; item, feptem
banaftas; item, duas flaffatas & decem linteamina linea;
item, unam culcitram de pluma & unum pulvinar de
choftas; item, tres ligores; item, quendam porcum nutri-
blem, qui valet cum extimacione viginti folidos Vienn.; item,
duas mapas de uno ramo. — Ego Durandus Arnaudus,
Valent. clericus, notarius publ. & curie Valentie juratus,
prefens fui....

(*) Extrait du même cahier que la ch. précéd.

(1) Ce mot, qui ne figure pas dans le *Lexicon med. latinit.*, a paffé dans
le patois, où *boffe* indique une futaille.

(2) Même remarque, anciennement *anche*, petite cuve.

LXV.   11 mars 1363.

[*Sententia remissionis de duobus incarceratis ecclesiæ Burgi*]*.

REMISSIO ecclesiæ Burgi per procuratorem domini Valentiæ fienda de dom. Joanne de Macello presbytero & Guilhelmo Chaftelli clerico ecclesiæ prædictæ, in prefione five carcere ipfius domini Valentiæ detentis, quia verberaverant in platea macelli Valentiæ Guillermum Vilarii familiarem ecclesiæ Valentiæ, & hoc vigore fententiæ per dom. Petrum de Bofanis legum profefforem, officialem Valentinum & commiffarium datum tam a dom. Ludovico de Vilars epifcopo Valentino quam a dom. Henrico de Vilars & Petro Principe immediatis ejus predecefforibus, prolatæ ut fequitur effectualiter : — Per ea quæ nobis conftant de proceffu prædicto, per hanc materiam diffinitivam fententiam quam inferius in his fcriptis, pronunciamus & diffiniendo cognofcimus declaramusque dictos presbyterum & clericum fore remittendos dictæ ecclefiæ, dict. Guillermum Pellicerii procuratorem ipfius domini Valentiæ ad faciendam dict. remiffionem eadem fententia condemnantes fi vivum, & fi non vivum per figuram meliori modo quo fieri poterit, neutram partium in expenfas condempnantes. — Sicut conftat inftrumento fumpto per magiftrum Andream Champelli notarium, fumpto fub anno Domini millefimo CCCLXIJ° & die xiᵉ martii.

LXVI.   3 feptembre 1364.

[Executio præcedentis sententiæ per figuram] .

REMISSIO exequutoria dictæ fententiæ ecclefiæ Burgi per
dict. Guillermum Pellicerii procuratorem fifcalem domini
Valentiæ facta de dictis dom. Joanne de Macello presbytero
& Guillermo Chaftelli clerico, juxta tenorem fententiæ fuperius defignatæ, ex præcepto eidem procuratori judicialiter
facto per dict. dominum Petrum de Bofanis officialem Valentiæ & commiffarium a domino Ludovico de Vilars epifcopo Valentiæ deputatum; quam remiffionem dict. procurator fecit in hunc modum : cum ipfi presbyter & clericus
qui petuntur remitti diu eft decefferunt & illos perfonaliter
non valebat remittere, tradidit capucium fuum & realiter
affignavit Joanni Rebolli procuratori ecclefiæ Burgi in
fignum & fimilitudinem ipfius remiffionis factæ de eifdem
presbytero & clerico. Conftat per magiftrum Andream
Champelli notarium, fub anno Domini M°ccclxiiij° & die
iij° menfis feptembris, notarum ipfius folio VII^{xx}vij, lib. A.

. (*) Analyfe tirée de l'*Invent. rais.*, f° 21 : *Notabilis remissio.*

LXVII.   4 juillet 1365.

[Inquisitio per correarios Burgi contra furem] .

QUANDAM habet ecclefia inquifitionem per dominos Petrum Beroardi & Guilhelmum de Altovilari, canonicos &

chorearios ecclefiæ Burgi, factam cum dom. Guilhermo Pelerini canonico Burgi & camerario domini Ludovici de Vilars epifcopi Valentiæ in clauftro ecclefiæ arreftato, & cui inquifitioni refpondit & promifit venire ad diem & dies folvereque judicatum & filvas, quia in domo dicti domini epifcopi Valentiæ furatus fuerat quofdam gladios dictos tranchoms, quafdam tabulas eburneas coopertas de veluto, duo coopertoria lecti, & calicem Sancti Laurentii, etc. Actum in curia ecclefiæ Burgi, anno Domini Mᵒ CCCᵒ fexagefimo quinto & die quarta menfis julii; conftat per magiftrum Lantelmum Olerii notarium.

(*) Extrait de l'*Invent. rais.*, fᵒ 18 vᵒ : *Item quandam......*

LXVIII. 10 mars 1379.

*Sententia seu ordinatio de facto portus Rodani**.

IN nomine Domini, amen. Boni prefidis, fub cujus jacet imperio provincia quam regit, intereft ut ipfam provinciam paccatam teneat & quietam, ut per bonum regimen ipfa patria feu provincia augmentetur malifque careat hominibus & perfonis, & abjectis & amotis malis hominibus omnique vi & rapina, quilibet de fuo proprio contenttatur, ne propter impunitatum audaciam fiant qui nequam funt nequiores & ne in fcandalum irruatur; cumque etiam jura ad hoc fint condita, ut eorum metu & terrore humana coherceatur audaccia tutaque fint inter probos innofcentes, & ut in opprobris reffrenetur audaccia comitendi & malignandi ac eciam nofcendi voluntas. Quia cum fama publica & factum evidens & notorium, ymo pocius vehemens infa-

mia que ad aures presidis sepissime sibulavit, loco accusa-
tionis habeantur legitime & haberi debeant : hinc est quod
anno Incarnationis ejusdem Domini M^oCCC^o septuagesimo
octavo & die decima mensis marcii, sereniss. principe dom.
Karolo Dei gratia Francorum rege regnante, ad aures au-
dientis pariter & intentum ac etiam intellectum viri nobilis
& potentis dom. Guillelmi de Fayno militis, bayllivi regii
Vivariensis & Valentinensis vicariusque curialis curie regie
Bocey cedulis auribus innotuit & pervenit, fama publica
refferente factique notorii evidentia demostrante & clamosa
populi insinuatione, precedente murmure publico ac vagitu
querimonioso, taliter & adeo quod nulla tergiversatione potest
obumbrari, ymo potius taliter & in tantum fuit auditui
referatum quod vicera justitie debitum suum exsolvere
vagitantio pupugit adversus tanti facinoris audatiam in
jura insurgantis tanta, nostre justitie officium judicio pro-
ponitur ne tam ferox malitie anelitus incorrectus remaneat
justiciaque lesa contra Richardum & Anthonium delatos
& eorum complices, quod ipsi delati maligno spiritu imbuti
& arte diabolica inflamati, Deum pre oculis non habentes,
cupientes se bonis alienis ditari & divites effici, comiserunt,
pepetraverunt delicta, crimina, excessus & raubarias que
sequuntur. In primis quod totum flumen Rodani est in regno
& infra regnum Francie & de dumaynio domini nostri
Francorum regis tenetur absque aliquo medio ; item, quod
dicti Richardus Baratonis & Anthonius Boverii, delati supradicti, sunt pontonerii in & super dicto flumine Rodani in
portu Valentie ipsumque portum tenent & gubernant,
tenere & gubernare faciunt per suos familiares & deputatos;
item, quod nunquam nedum in dicto portu & passagio Valentie, sed in omnibus aliis portibus & passagiis dicti fluminis Rodani fuit usitatum levari seu exhigi a personis in dict.
portibus transeuntibus pro eorum pontonagio sive passagio
dicti fluminis Rodani preterquam a persona singulari eunte

& tranfeunte in dict. portibus unum denarium monete currentis, & a perfona eunte & tranfeunte eques vel aliud animale folum ducente duos denar. predicte monete; item, quod delati fue falutis eterne non memores Deumque pre oculis non habentes, prout fupra, fed quoad hec omnes actus fuos ad malum finem deducere cupientes volentefque inceffanter protrahere, & nedum malas fed pejoras ufagia & fervitutes indebitas in patria que jure fcripto regitur imponere non timentes, fed fua propria auctoritate & de facto & fe dominos dicti portus fluminis Rodani exiftentes econtra & prope Valentiam, facientes a fingulari perfona in dicto portu tranfeunte pedes in eodem portu & pro qualibet vice tranfeunte de regno in imperium & de imperio in regnum & tociens quociens contingit aliquas perfonas in dicto portu tranfire, cupiendo fe bonis alienis locupletari & divites effici, levantes & levare non formidantes per fe aut per familiares & deputatos per eofdem in dicto portu, videl. aliquando fex denarios, aliquando unum obolum regium, aliquando dimidium groffum & aliquando duos obolos regios, & a fingulari perfona tranfeundo eques in dicto portu vel folum animale ducente aliquando dimidium groffum, aliqdo duos obolos regios, aliqdo unum groffum, aliqdo duos groffos, aliqdo tres & aliqdo quatuor, & fic de fimilibus & ad eorum voluntatem antequam a navi quin ipfas perfonas tranfeuntes abire permittant; & quod deterius eft, quando dicte gentes nolunt folvere ad eorum voluntatem, ipfis minantur de verberando ipfos & bona fua capiendo, fayfiendo & retinendo ac eciam fuper dicto flumine Rodani arreftando, & ipfas fic indebite moleftando & depredando, incidendo in penis legum & novam fervitutem & ufagium imponendo; item, quod qualibet die una per aliam tranfeunt in dicto portu tam eques quam pedes viginti, feptuaginta, quaterviginti, centum perfone ante magis quam minus, a quibus & qualibet ipfarum exhigunt & exhigere faciunt fummas supra dictas, sic in premissis delinquendo; item, quod de predictis ex inductionibus & extortionibus dicti delati effecti sunt divites, quilibet de tribus centum francis auri; item, quod quolibet anno locupletari possunt & divites effici de predict. raubariis & depredationibus quilibet de centum francis auri; item, quod de predict. omnibus & singulis sunt publice diffamati inter notos & vicinos eorumdem, & de eorum quolibet est publica vox & fama; item, quod predicta sunt vera, notaria, publica & manifesta. Visaque informatione secreta predicte curie regie super hiis.., necnon etiam responsionibus una cum deffentionibus..., viso etiam toto processu.... una cum tota ejus sequela..., participato nobiscum peritorum consilio, sedentes pro tribunali more majorum nostrorum in hac curia & consistorio regio prout decet, ubi jus reddi & desservi unicuique postulanti est fieri consuetum, sacrosanctis Dei Scripturis in nostro conspectu positis & appertis, ut de vultu Dei nostrum recte prodeat judicium & oculi nostri in hiis & aliis continuo videant equitatem, non declinantes quod a dextris nec a sinistris, sed equo libramine, insedentes.., facto primitus signo venerabilis sancte ✠ Crucis, dicendo : in nomine Patris & Filii & Spiritus Sancti, amen; per ea que nobis constat dict. Richardum & Anthonium non esse nec fuisse culpabiles de supra contra ipsos intitulatis, potissime eorum deffensionibus visis & ignorancia ac excusacionibus auditis hac actentis, & aliis pluribus & validis rationibus que animum nostrum movent & movere debent, istos Richardum & Anthonium licet absentes.... ab intitulatis, super contra ipsos duximus absolvendos & absolvimus per presentes. De quibus... Lata fuit hec sententia anno & die predictis, testibus presentibus discretis viris magg. Matheo de Saletis, Johanne de Bosco, Stephano Ugonis, Anthonio Falconis, Johanne Massaboni, clericis ; & me Petro Servientis de Sancto Juliano, Lugdun. dyoc., clerico notario publ. & dicte curie regie substituto & jurato.....

(*) Extrait de l'original, long parch. de 69 lig. dont voici l'analyse : *Sentencia continens quod Richardus Baratonis & Anthonius Boverii, pontonerii portus Rodani Valencie, fuerant intitulati in curia Bocey, inponendo contra eos quia exhigebant a singulari persona transeunte pedes portum j ob. regium, quandoque ij ob. regios, quandoq. xij den., & a qualibet persona meante eques portum ij ob. regios, quandoq. xij den., quandoq. j. gr... & quandoq. iiij gr.; & quod nunquam nedum in portu Valen. sed in omnibus aliis portibus Rodani fuit usitatum exhigi a singulari persona pedes pro suo nolo nisi j den. & a qualibet persona transeunte eques ij den.; tandem procurator domini de Cruceolo & dict. pontoneriorum taliter prosequtus fuit causam, quod dom. Vitalis Bernardi judex regius Vivarien. & Valentin., astanti secum locumtenente dom. bayllivi, pretaxatos pontonerios ab intitulatis absolvit, Petro Servienti notario.* Nous ne donnons dans le texte que le résultat de l'enquête; elle est comprise dans la publication de la sentence :

I*N nomine Domini, amen. Noverint universi & singuli.... quod (anno) ab Incarnacione ejusdem Domini M° CCC° septuagesimo nono & die veneris que fuit xxv° dies mensis augusti..., ad quam diem apud Boceyium in consistorio regio publico ubi curia regia tenetur & coram ven^ii & circumspecto viro dom. Vitale Bernardi licenciato in legibus, judice regio Vivariensi & Valentinensi, personaliter comparuit discretus vir mag. Petrus Faya notarius, ut procurator nobilis & potentis viri domini de Crusseolio ac etiam nomine procuratorio Richardi Baratonis & Anthonii Boverii...., dicens & asserens.... sibi hanc diem fuisse assignatam.... ad audiendum sentenciam diffinitivam in & super quadam inquesta in presenti curia pendenti contra Richardum & Anthonium prenominatos....; idem procurator exhibuit & produxit dicto dom. judici quandam papiream cedulam scriptam, rationes & deffentiones dict. magistrorum in se continentem, cujus tenor est talis : — Visa inquisitione facta & formata, etc...; qua quidem cedula.... exhibita & porrecta...., illico idem dom. judex ad suam sententiam super premissis proferendam processit, ut sequitur : — Ad hec nos Vitalis Bernardi...., astante nobiscum discreto viro mag. Guillelmo Pellicerii, clerico regio & locumtenente nobilis & honor. viri dom. Guillelmi de Fayno militis, bayllivi regii...., visis titulis in presenti curia factis & in processu inquisitorio contentis.... ꝑ In nomine Domini, supra.....*

Il est rare de rencontrer une sentence dont le dispositif soit plus contraire aux considérants.

LXIX.   30 juin 1386.

[*Reductio canonicorum ecclesiæ S. Petri*]*

REDUCTIO dicti numeri canonicorum ecclefiæ Sancti Petri ad decem canonicos per capitulum ipfius facta, prout conftat diffufe in duobus inftrumentis unius ejufdemque tenoris & fubftantiæ, per magiftrum Bertrandum Arnulphi notarium fumptis, fub anno Domini M° CCC LXXXVI° & (die) ultima menfis junii.

(*) Extrait de l'*Invent. rais.*, f° 14 v°. — Voir la charte XLV.

LXX.   16 décembre 1386.

[*Confirmatio reductionis per Clementem VII*]*.

CONFIRMATIO dictæ reductionis numeri quindecim canonicorum ecclefiæ ad decem, facta per Clementem papam feptimum Avinione fedentem, decimo feptimo calendarum januarii, pontificatus fui anno nono, currente dicto anno Domini M° CCC LXXXVI.

(*) Extrait de l'*Invent. rais.*, f° 14 v°. — Voir la ch. précéd.

LXXI.   13 novembre 1395.

*[Lettres de main-levée des commissaires
du roi de France]*.*

A tous ceuls qui verront ces prefentes lettres, Jehan Barleane & Jehan du Feu, fergens d'armes du Roy monff.
& commiffaires en cefte partie de noff. les treforiers du Roy
noftre dit f. a Paris fur le fait des fiefs & homages du Roy
& autres chofes contenues en noftre commiffion, falut.
Comme nous euffions pris & mis en la main du Roy noftre
dit feugneur le chaftiel, juftice, terres & poffeffions du
Charmes, appartenans a noble & puiffant feigneur monf.
de Cruffols, item, au port de Valence, touchant la part
& porcion du dit monf.; item, audit port, touchant &
appartenant au chapitle de Saint-Piere du Bour de Valence;
item, au temporel, terres & poffeffions de religieufe dame
ma dame l'abbefe de Soyon, & en figne de ce euffions la
flor de liz es diz lieux pour defaut de fief & homage
auffement de feaulte ou autrement non fait au Roy monf.;
& pour tant en tant que il touche le dit monf. de Crufols,
a caufe de fes diz chaftel, juftice, terres & poffeffions &
port, que nous fommes foufffif(ament) informez que le dit
monf. de Crufols tient en fief & homage de monf. l'evefque
de Valence, & en tant que il touche la porcion & part
dudit port dudit capitre, nous ne poons informer que
il foit tenus en fie & homage du Roy noftre dit fig., pour
ce que il ont tenu & poffide fi longuement que il n'eft
memoire du contraire; & en tant que il touche ladite ma

dame l'abbeffe, nous fommes fouffif(ament) informez que
la dite ma dame doit au Roy monf., du chaft(el) ou a
caufe de temporel, terres & poffeffions, dix livres de cire,
pour quoy nous ladite main qui mife eftoient es diz lieux
& chofes avons levees & oftees, levons & oftons par ces
prefentes en tant que fere povons & devons au prouffit &
juffion des feff. diz & dou chaftel d'eulx, en tant que il luz
puit toucher. Donne foulz nous feaulx en tefmoing de ce,
le XIII jour de novembre, l'an mil CCC.IIII xx & quinze.
Item, au port de Soyon appartenanz a ladite abbeffe, a
monf. de Crufols & a monf. de Peregorde, avons levee
comme deffus; donne comme deffus.   CLERICI.

(*) Ces lettres fe trouvent inférées dans un *vidimus* du même jour, dont
il eft utile de donner un extrait :

*In nomine Domini, amen. Nos Humbertus Garini, licenciatus in legibus,
prepofitus & officialis Valentinus, notum facimus.... pref. publ. inftrumentum, tranfcriptum feu vidimus infpecturis...., quod anno ab Incarnacione
Domini M°CCC°LXXXXV°, indicione quarta & die fabbati que fuit XIIIª
menfis novembris, hora vepperorum, ad noftram acceffit prefenciam difcretus vir dom. Bartholomeus Bruni major, procurator ecclefie Sⁱ Petri de
Burgo Valencie, qui.... exhibuit & prefentavit coram nobis quafdam patentes literas in papiro fcriptas a difcretis viris Johanne Barleane & Johanne du Feu, fervientibus armorum fereniffimi principis dom. regis Francorum & commiffariis in hac parte fpecialiter deputatis, emanatas & eorumdem commiffariorum figillis rotundis cera rubea, ut in eifdem literis
legitur, figillatas, fanas & integras....; fupplicans humiliter.... ut nos dict.
literas..... in formam publ. redigi facere dignaremur ad perhempnem memoriam habendam in futurum.... Nos vero, fuplicationi..... annuere volentes, precepimus..... Quas quidem literas.....; & hiis omnibus...., fedentes in
ftudio domus habitationis noftre fuper quoddam fcannum quod pro tribunali
elegimus more majorum...., auctoritatem noftram ordinariam interpofuimus
pariter & decretum.... Acta fuerunt hec Valencie...., in ftudio habitationis
noftre....., teftibus prefentibus venⁱⁱ & difcreto viro mag. Johanne de Sala
jurifperito, Johanne de Aymoneto habitatore Valencie & Johanne Burleti
de Caftro Novo Yfere, Valent. diocefs. — Tenor vero copie commiffionis
dict. duorum commiffariorum fequitur..... — Et me Jacobo de Fraxino,
clerico Cameracen. diocefs, pub. impⁱⁱ auctⁱᵉ notario & curie Valent.
jurato......*

L'original de cet acte a 80 lig., avec fceau appliqué fur papier. Le falaire du notaire eft indiqué par cette note : *Sol(vit) dom. Bartholomeus Bruni pro fcriptura præfentis inftrumenti* vi *groffos, item pro fig(no)* vii *d(enarios).* Une autre réfume l'objet des lettres de main-levée : *Bona litera de facto portus Rodani, qualiter duo comiffarii regii, deputati ad faciendum fieri recognitiones feudorum & homagiorum qui tenentur a dom. rege Franchorum, cognoverunt & declaraverunt vigore eorum comifflonis quod portus Rodani non tenetur de feudo dicti dom. regis.*

LXXII.   13 décemb. 1404 - 21 février 1405.

[Concessio transitus aque per rectorem

anniversariorum] [+].

IN nomine Domini, amen. Per hoc publ. inftrumentum cunctis apareat evidenter, quod anno Dominice Incarnacionis mill[io] quadringen. quarto & die tertiadecima menfis decembris, coram me notario & teftibus infrafcriptis, perfonaliter conftitutus difcretus vir dom. Aymarus Reynerii prebiter, rettor beneficiorum Chayffiorum inftitutorum in ecclefia Sancti Petri de Burgo Valentie, utilitate & comodo dict. beneficiorum penfata, fciens.... nomine dict. beneficiorum, in prefencia & de confilio ven[lis] viri dom. Stephani Fabri canonici dicte ecclefie, dedit & titulo pure.... & irrevocabilis donationis tradidit (&) perpetuo penitus habere conceffit Johanni Ferralhonis... recipienti..., videl. quendam tranfitum aque five aygagii prati quod, Deo dante, facere intendit idem Johannes Ferralhonis in terra per eumdem Johannem adcenfata die fexta hujus menfis, videl. per pratum dict. beneficiorum, fcil. per quandam bealeriam per dict. Johannem de novo faciendam, que defcendat a bealeria que eft a parte boree dicti prati beneficiorum predict. & incipit a quodam fonte & defcendit ad partem venti ad dict. terram dicti Johannis sitam in mandamento dicti Burgi Valentie, loco dicto in Magnis Oloysiis, sub annua. pensione seu servitute unius quarte frumenti mensure vendentis sive ad mensuram Valentie necnon & unius galline, solvendorum.... quolibet anno per.... tenementarios dicti aygagii seu rigagii dicto rettori & successoribus in festo sancti Appollinaris.... Et fuit actum inter dict. partes quod dict. Johannes debeat aptare & tenere aptatam factam dict. bealeriam descendentem a borea usque ad terram dicti Johannis propriis sumptibus & expensis. § Item fuit.... conventum, arrestatum & in pactum deductum.... quod dict. Johannes debeat & teneatur solvere terciam partem expensarum necessariarum pro reparando... dict. bealeriam superiorem... que est a parte boree, videl. a principio dicte superioris bealerie que incipit a matre aque, incipiendo a parte orientis veniendo usque ad introytum bealerie per quam accipiet dict. aquam.... que descendit a borea ad ventum ad terram dicti Johannis, tociens quotiens... necessaria reparatio. Promittens dict. dom. Aymarus rector.... per juramentum.... dict. concessionem seu donationem rigagii seu aygagii.... ratam & firmam habere....; dict. vero Johannes... juravit solvere... dicto rettori... dict. quartam frumenti & gallinam... una cum expensis : supponentes.... De quibus.... Actum Burgi Valentie, videl. in cimiterio dicte ecclesie juxta campanile ejusdem ecclesie, testibus presentibus ven^bus viris dom. dicto Stephano & Guillelmo Fabri canonicis dicte ecclesie, & Bartholomeo Bruni presbitero dicte ecclesie Sancti Petri, Francisco Rolandi & Guioneto de Rocha aliàs Gronhdane, monerio dicti Burgi, & me... § Postque anno proxime dicto & die vicesima prima febroarii, qua die per continuacionem celebratur capitulum in capella Sancte Katerine juxta claustrum dicte ecclesie, ven^tes viri dom. Pontius de Altovilari precentor, Hugo de Genasio, Johannes de Bello Castro, Stephanus & Guillelmus Fabri, canonici dicte ecclesie, capitulantes, certificati de predictis per relationem dicti dom. Stephani Fabri..., citra prejudicium dicte ecclesie & sui molendini..., predicta laudaverunt & tamquam facta pro utilitate dict. beneficiorum & rectorum suorum ratificaverunt.... Actum ubi supra, in dicta capella Sancte Katerine, presentibus testibus dom. Bartolomeo Bruni & Johanne Durandi prebiteris dicte ecclesie. ✠ Ego vero Bertrandus Arnulphi, auctor. imper. notarius publ. & curie Valentin. juratus secretariusque dicti ven^lis capituli....

(*) Extrait de l'orig. parch. de 56 lig.; au dos se lit cette note : *Johannis Ferralhonis habitatoris Burgi Valentie donacio seu concessio transitus aque sive aygagii prati per ipsum noviter faciendi in terra sua Magnarum Oloysiarum per rectorem beneficiorum Chayssorum* ; & cette autre qui n'est pas sans intérêt : *Hic de fonte & matre aque pro adaquatione seu rigatione pratorum beneficii Chayssorum que possidet dom. Michol; ratisfactio dominorum de capitulo.*

LXXIII. 18 mai 1419.

[Concilii episcopalis Valentie inhibitiones circa portum].

CONCILIUM episcopale reverendi in Xpisto patris & domini nostri dom. Johannis de Pictavia, Dei gracia episcopi & comitis Valentinensis & Diensis, in Valentia residens, viro nobili Eynardo Charnay subconreario Valencie, necnon preconi publico & cuicumque secularis curie Valencie servienti, salutem. Visis literis nobis pro parte potentis viri domini Crusscoli & procuratoris ecclesie Sancti Petri de Burgo Valentie, factum & declaracionem portus & rafferiorum Valentie in se continentibus, ad effectum excequtionis contentorum in eisdem exhibitis & presentatis, quarum copia presentibus est annexa, vobis & vestrum cuilibet harum serie precipimus & mandamus quatenus omnia & singula in literis eisdem contenta predict. rasseriis & piscatoribus presentis civitatis Valentie notifficetis tam voce preconis quam in eorum propriis personis, adeo ut ignorantie causam pretendere non possint, eisdemque & eorum cuilibet inhibeatis & deffendatis sub pena in dict. licteris contenta ne abinde inanthea quoquomodo aliquas merces seu homines ultra formam & tenorem dict. literarum transire de regno in imperium & econverso in eorum naviolis sive rasseriis ultra solitam consuetudinem & dict. literarum tenorem presumant; intimantes eisdem & eorum cuilibet quod, si contra prohibitionem & deffensionem predictas fecerint, contra ipsos & eorum quemlibet, necnon ad exactionem dicte pene procedemus ut juridice fuerit procedendum. Datum Valentie, die decima octava mensis maii, anno Domini millesimo quatercentesimo decimo nono.

A. GALE.

(*) Ces lettres, témoignage unique dans nos archives de la juridiction dont elles procèdent, reçurent leur exécution le 23 du même mois, comme on le constate par l'acte dans lequel elles se trouvent inférées & dont nous extrairons la partie historique :

IN DEI NOMINE, AMEN. Per hoc.... instrumentum.... notum sit & appareat manifestum, quod anno Domin. Incarnac. MoCCCCoXIXo & die xxiiio mensis maii, rev. in Xo patre & dom. nostro D. Johanne de Pictavia D. gr. episcopo & comite Valentin. & Diensis existente,.... existentes & personaliter constituti coram nobili viro Eynardo Charnay subconreario Valentie, in ripperia Valentie supra portum Rodani existente, discreti viri mag. Stephanus Mantelli, procurator ut asserebat potentis viri domini Cruceoli Valent. diocesis, dom. Johannes de Ulmeto presbiter, tamquam procurator ut dicebat ven^lis capituli ecclesie collegiate Sancti Petri de Burgo Valentie, & dicto nob. Eynardo subconr. tradiderunt, exhibuerunt & presentaverunt quasdam licteras in papiro descriptas, a ven^li concilio episcopali Valentie emanatas, ad effectum exequtionis contentorum in eisdem, una cum copia certarum aliarum licterarum dict. licteris annexata, per condam bo. me. rever. in Xo patrem & dom. d. Falconem episcopum & comitem Valentin. concessa-

rum, factum portus Valencie concernencium (ch. XIV). Quarum.... tenores
feriatim fequntur..., — Petentes & requirentes ipfas litteras...de puncto ad
punctum... excequcioni debite demandari : qui quidem nob. Eyn. Charnay
fubconr...., cum honore & reverentia debitis receptis obtemperando tanquam
filius obediencie...., incontinenti precepit & in mandatum dedit Mundono
Teyffonerii, preconi publico pref. civitatis Valentie...., quatenus in dict. literis
contenta intimaret & notifficaret & inhiberet voce preconis fupra portum
Rodani pifcatoribus & rafferliis....; qui quidem Mundonus...., parendo con-
feftim omnia & fingula in literis proinfertis contenta voce preconis alta
& intelligibili.... preconifavit, nottificavit, intimavit & inhibuit..., etiam
in propriis perfonis Bonthofii Pellifonis, Petri Forneti, Michaelis Moni,
Johannis Finelli & Petri Chalamelli pifcatorum & rafferiorum Valentie....
Acta fuerunt hec apud Valentiam fupra ripperiam portus Valentie, prefentibus teftibus ven[lt] viro dom. Stephano Fabri, ecclefie S[l] Petri de Burgo
Valen. canonico, nobili Guillelmo de Vernone, Symundo de Verfi man-
damenti Petre Gorde, Guillelmo Maffardi alias Maganha & Johanne Reynaudi habitatore ripparie Valentie, cum pluribus aliis fidedignis ; & me
Anthonio Gale, cive Valentie, notario auctor. imper. publ. curfeque Valent. jurato.....

L'original parch. de cet acte offre au dos une affez longue analyfe que
nous fupprimons pour abréger.

LXXIV.   13 juin 1430.

Appellacio ecclesie Burgi et pontaneriorum portus Roddani Valencie[*].

CORAM vobis venerabili & circonfpecto viro dom. Poncio
Marcolis, in legibus licenciato, judice .curie fecularis
comunis civitatis Valencie, feu veftro locum tenente exiftens
hon[lls] vir dom. Johannes de Ulmeto presbiter, procurator
ecclefie collegiate Sancti Petri de Burgo Valencie necnon Guigonis Cofte, Stephani Buvardi & Colaudi Noni, tam nominibus fuis quam... Johannis Peleti, pontaneriorum in portu
Rodani Valencie, hominum francorum dicte ecclefie & tota-

liter exemptorum a juridicione veſtra, dicens & proponens...
quod vos ſeu veſtre curie temporalis... officiarii, ad importu-
nam inſtanciam quorundam pretenſi procuratoris fiſcalis curie
veſtre & ſindicorum univerſitatis Valencie, ipſos quatuor homines... intitulaſtis ſeu intitulari feciſtis, imponendo eis ſicgiſſe
quandam acram muri fortificacionis riparie Valencie prope
Rodanum, & propterea ipſos... condempnaſtis in centum ſolidis... ſolvendis procuratori exaƈtori expletorum diƈte curie,
& ad refformandam diƈt. acram muri, prout ſic vel conſimiliter
plus vel minus in diƈta tali quali veſtra pretenſa ſentencia dicitur contineri; ad que proceſſiſtis, cum reverencia loquendo,
de faƈto nulliter, precipitanter & exobrupto, juris ordine
non ſervato, cum non ſint confeſſi aut alias legitime quiƈti,
eciam quia non habetis juridicionem neque punicionem ſeu
cognicionem contra ipſos, cum ſint exempti a juridicione
veſtra & ſint de foro & juridicione diƈte eccleſie capituli Sᵗ
Petri, & propterea ipſos.... remiƈtere debebatis cum cauſa
veſtra ipſis dominis de capitulo & ſuo judici pro juſticia de
ipſis, ſi delinquiſſent, miniſtranda, & de ipſis non debebatis
vos intromiƈtere. Igitur diƈt. procurator diƈte eccleſie &
capituli Sᵗ Petri in quantum concernit dampnum & prejudicium ipſius capituli & eciam... diƈt. quatuor ſociorum pontaneriorum magiſtrorum ſuorum..., idem dom. Johannes de
Ulmeto per prediƈt. veſtros pretenſos proceſſus ſentenciaſque
inde ſequtas & nullitates ac iniquitates & injuſticias ſenciens
diƈt. capitulum & ipſos quatuor pontanerios fore... gravatos,
dubitans propterea forcius in futurum gravari..., in ejus
ſcriptis appellat & provocat ad dom. noſtrum epiſcopum &
comitem Valent. & Dienſem & ejus officialem, in hac parte
judicem appellacionum..., & petit appoſtolos ſemel, ſecundo,
tercio & pluries, inſtanter, inſtancius & inſtantiſſime per vos
ſibi dari & concedi. De quibus, una cum reſponcione veſtra,
petit a vobis notario hic preſente ſibi fieri publ. inſtrumentum, teſtes invocans hic preſentes.

(*) Cette appellation se trouve insérée dans un acte (original parch. de 62 lig. 1/2) dont il est utile de donner un extrait :

In nomine Domini, amen. Noverint.... quod anno beatissime Incarnationis ejusdem Domini M°CCCC°XXX°, indict. viii° & die mercuri que fuit xiiii° mens. junii, rev⁴⁰ in X° patre & domino nostro dom. Johanne de Pictavia miser. div. episcopo & comite Valentin. & Diensi existente...., ad quam quidem diem, inter horam nonam & decimam, venit & personaliter accessit coram ven^li viro dom. Poncio Marcolis, in legibus licenciato, judice curie secularis Valencie, existente in platea clericorum Valencie prope predict. curiam..., discretus vir dom. Johannes de Ulmeto presbiter, procurator ven^llum virorum dd. prioris & capituli ecclesie collegiate St Petri de Burgo Valencie necnon Guigonis Conste, Stephani Buvhardi & Colaudi Nony....., Johannis Pelleti..., pontaneriorum in portu Rodani Valencie, & de quadam diffinitiva sentencia.... lata per supradict. dom. judicem.... appellavit..., prout.... in quodam papiri foleo quem scripto exhibebat continetur, dicens, appellans, apostolos petens & alia faciens & protestans prout in eo scribitur; de quibus, una cum responcione dicti dom. judicis, si quam sibi faciat, peciit... Et dict. dom. judex, premissis auditis, assignavit dicto procuratori... ad audiendum responcionem suam diem octavam proxime futuram, hora ista consimili..... Actum ut supra, testibus present. ibidem dom° Petro Lochayle, presbitero ecclesie Valentine, Glaudio de Bellomonte, clerico & epifardo predicte ecclesie, & Anthonio Marchonis de Subdione, Valent. dioc.... — Tenor dicte appellacionis... sequitur in hec verba: Coram vobis *(ut supra)....* presentes. — Postque..., die octava superius assignata, que fuit mercuri xxi° supradicti mensis, inter horam ix^tam & x^am, existens in curia supradicta..., coram hon^li viro Anthonio Champelli, concreario predicte civitatis Valencie, tenente predict. curiam..., supradict. dom. Johannes de Ulmeto, dicens quod dom. judex ipsum assignavit...; & dict. dom. concrearius, premissis auditis, dicit & respondit... quod dict. d. judex est absens a presenti patria & quod ipse ignorat predicta, & ideo dicto d. Johanni assignavit ad diem jovis crastinam in presenti curia, ad consimilem horam... Actum *ut supra*, testibus... discretis viris magg. Petro Pelleti, Reymondo de Sala, Anthonio Chaboti, notariis Valencie... Et paulo post... incontinenti accessit personaliter dict. d. Johannes de Ulmeto.... ad domum habitationis dicti dom. judicis Valencie, sitam in carreria Sancti Felicis, & dum fuit ante dict. domum, pro audiendo responcione dicti d. judicis, reperiit januam dicte domus clausam & peciit dict. d. judicem, & ibidem Jaquetus Gaudilhonis payrolerius, habitator Valencie, vicinus dicti d. judicis, dixit dicto d. Johanni quod sunt octo dies quod dict. d. judex recessit extra villam presentem & apost non fuit in villa pres., & eciam quod nullus apost fuit nec stetit in dicta domo; qui quidem dom. Johannes dixit.... quod per eum non stat si haberet presenciam predicti d. judicis de audiendo ejus responcionem. De quibus.... Actum Valencie, in carreria publica ante domum predict., testibus... dom. Johanne Durandi, presbitero ecclesie Burgi Valencie, Goneto Foronis, clerico ecclesie Sancti Johannis Valencie, &

dicto Jaqueto Gaudilhonis... — Item..., die jovis superius assignata, que fuit
xxij°.. junii, inter horam ix^{am} & x^{am}, discretus vir mag. Stephanus Savelli
notarius, procurator dict. appellancium, existens ante curiam predict. &
coram supradicto d. conreario, dicens quod paratus est audire responcionem
predicti d. conrearii.., dict. d. conrearius ipsum remisit... in termino juris
parti sue assignato... De quibus... Actum ut supra, testibus discretis viris d.
Johanne Durandi, presbitero ecclesie Burgi Valencie, magg. Johanne Ricoti
& Joh. Leporis, notariis,... — Subsequenter vero... & die jovis que fuit
xiij° mens. julii, inter horam ix^{am} & x^{am}, ad quas quidem diem & horam
pendebat sive cadebat assignacio termini juris superius assignati, supradict.
d. Johannes de Ulmeto... accessit personaliter... in curia predicta..., in qua
non reperiit nisi Ludovicum de Platea, notarium..., cui dixit qualiter supradict. d. judex eidem assignaverat...; qui quidem Ludovicus eidem respondit quod dict. d. judex non est in presenti patria nec fuit est jamque
unus mensis vel circa. De quibus... Actum in dicta curia..., testibus discr.
viris d. Jacobo Famionis, prebitero ecclesie Burgi, Glaudio de Bellomonte
& Johanne Rebolli, clericis & epifardis ecclesie Valencie... Et paulo post...
incontinenti accessit supradict. d. Johannes de Ulmeto... ad domum habi-
tacionis dicti d. judicis..., & dum ipse fuit ante dict. domum.... reperiit
januam clausam & peciit dict. d. judicem, & ibidem Guillelmus Gaudilhonis
perollerius.... dixit.... quod est jamque unus mensis lapsus vel circa quod
dict. d. judex recessit extra villam & apost non fuit in pres. villa, & eciam
quod nullus apost fuit nec stetit in dicta domo...; qui quidem d. Johannes
dixit *ut supra*. De quibus... Actum Valencie, in carreria publ. ante domum
predict., testibus religioso viro dom. Johanne de Fueno alias de Tincto,
canonico prioratus Sancti Felicis prope & extra muros Valencie, predicto
d. Jacobo de Famionis & dicto Guil. Gaudilhonis..., & me Humberto
Polleti, clerico de Valencia, notario auct. imper. publ. curieque Valencie
jurato....

LXXV.   12 décembre 1430.

[*Compromissum inter Giraudum Basteti dominum
Cruceoli et capitulum S^{i} Petri, et universitatem
civitatis Valentie*]*.

IN NOMINE DOMINI, AMEN. Noverint universi & singuli....
quod anno beatissime Incarnacionis Dominice mill° qua-
dringentesimo tricesimo, indicione nona & die duodecima

menfis decembris, pontifficatus SS^{ml} in Xpifto patris &
domini noftri dom. Martini fuperna providencia pape quinti
anno decimo quarto, ac rever^{do} in Xpifto patre & domino
noftro dom. Johanne de Pictavia Dei gracia epifcopo &
comite Valentin. & Dyenfis exiftente, in prefencia noftrum...
juratorum..., cum lis, queftio & debatum queftionumque
materia & controverfiarum verterentur majorefque impofterum verti & oriri multipliciter fperarentur inter & per
nobilem & potentem virum dom. Giraudum Bafteti militem, dominum terre & baronie Cruceoli, & venerabile
Capitulum ecclefie collegiate Sancti Petri de Burgo Valentie
ex una, & univerfitatem civitatis Valentie partibus ex altera,
tam agendo quam deffendendo fuper eo, ex eo & pro eo
quod prelibati dom. Cruceoli & domini Capituli dicte ecclefie
Burgi Valentie dicebant, afferebant & proponebant quod
nonnulli cives, habitatores & incole dicte civitatis Valentie,
nonnulla parva navigia pifcatoria feu ad pifcandum apta &
alia vulgaliter rafferia nuncupata habentes & tenentes in
portu Rodani Valentie nuncupato, perturbant dict. dominos
Cruceoli & ecclefie Burgi feu eorum arrendatores & comiffos
feu deputatos dicti eorum portus uti impediebant, prout
antiquitus erant affueti, quodque ipfa navigia habebant &
tenebant & ipfis utebantur ultra & contra modum & formam antiquitus ufitatos & obfervatos & per bo(ne) me(morie)
dom. Falconem condam Valentin. epifcopum declaratos &
ordinatos, ut quibufdam licteris dicti dom. Falconis apparebat, ob quod multipliciter gravabantur in ipforum &
dicti eorum portus maximum prejudicium, dampnum &
lefionem, prout dicebant, fuper quibus omnibus petierunt
& inftanter requifierunt per prefat. dominum noftrum de
remedio provideri opportuno; honorabilibus viris fcindicis
dicte civitatis Valentie ac fcindicario nomine incontrarium
dicentibus & proponentibus dict. cives, incolas & habitatores civitatis Valentie & ripperie ejufdem habentes & te-

nentes dicta parva navigia piscatoria & alia vulgaliter, ut
predictum est, rasseria nuncupata, fuisse & esse in possessione,
usu & observancia paciffica & quieta a x.,xx.,xxx.,xl.,l.,lx.,
centum annis & ultra & citra & per tantum temporis
spacium quod sufficit ad veram possessionem acquirendam
& acquisitam retinendam..... in flumen Rodani e contra
Valentiam tot & tantos naviolos piscatorios & alios rasse-
rios nuncupatos quot & quantos pro tempore voluerint,
tum quibus dict. flumen Rodani eundo & redeundo quos-
cumque quin in dict. naviolis poterant receptari dict. flumen
transire volentes, una cum omnibus suis bonis & mercanciis
quas secum defferebantur, exceptis chargiis mercaturarum
que cum animalibus defferebantur & que ad collum unius
hominis comode deferri non possint, & quod domini dicti
portus seu eorum deputati ibidem tenent unam parvam navem ultra alias tenere assuetas in prejudicium atque dampnum
universitatis dicte civitatis Valencie & habitatorum
ejusdem atque rei publice ejusdem & contra bonos mores &
antiquam ac laudabilem consuetudinem per dominos dicti
portus & gubernatores ejusdem diucius observatos, & in
hoc ledebantur & opprimebantur multipliciter, declaracionem & tenorem dict. licterarum dicti condam dom. Falconis
aliter & alio modo quam interpretari debeant interpretantes,
& quod ipsi a pauco tempore citra dict. portum eorum de limitibus dicti Burgi mutaverunt infra limites dicte civitatis,
quodque eciam diversimode opprimebant dict. cives, incolas
& habitatores dicta parva navigia piscatoria & rasseria habentes & tenentes, ipsos inquietando, arrestando & mo-
lestando, & plus ab ibidem transeuntibus recipiendo quam
recipere teneantur seu consueverent. Et tandem dicte partes
volentes & cupientes finem debitum dict. debatis imponere
& de eisdem ad bonam pacem & veram concordiam devenire,
hinc est quod anno, indicione, die, pontifficatu ac presule
suprascriptis,.... supradict. dom. Giraudus Basteti miles,

dominus terre & baronie Cruccoli, nomine fuo & fupranom.
ecclefie collegiate S[t] Petri de Burgo.... ex una & hon[les] viri
Glaudius Plonerii & Huguetus Payrolerii, cives & merca-
tores ac fcindici univerfitatis civitatis Valencie.... partibus
ex altera, ipfe inquam partes, non errantes...., volentes &
cupientes anfractus litium dubios evictare..., alte & baffe
compromiferunt.... in predict. rev[dum] in Xpifto. patrem &
dom. noftrum dom. Johannem de Pictavia, D. g. epifcopum
& comitem Valent. & Dienfem, ibidem prefentem & in fe
onus huj[di] compromiffi gratis fufcipientem..., de ftando
ejus ordinacioni..., dantes & concedentes...; & fuit actum...
quod pref. compromiffum duret.... hinc ad feftum Nativitatis beati Johannis Baptifte proxime venturum; item fuit
ulterius actum.... quod prefat. dominus nofter.... poffit....
huj[di] compromiffum prolongare uno femel ad fui libitum
voluntatis; item.... quod omnes caufe, lites judiciales pen-
dentes... tam in curia parlamenti regii Pictavienfis quam
alibi interim ceffent fub fpe pacis & concordie...; item....
quod partes... teneantur laudare... dict. fentenciam arbitralem..., fub pena centum marcharum argenti fini, medietate applicanda prefato dom. arbitro & alia parti obedienti..;
promictentes infuper....; fupponentes inde.... fe.... inter-
dictioni fori, cohercioni & compulfioni curiarum dom. officialis, judicis & conrearii Valentie curiarumque delphina-
lium majoris confiftorii dalphinalis Gracionopoli refidentis,
Burgondii, Terre Turris, Sancti Marcellini, Romanis &
Cabeoli, Montilii Adheymarii & Crifte Arnaudi, curiarumque regiarum parvi figilli Montifpeffulani, convencionum
Nemaufi, Ville Nove de Beico & Bocey... curieque camere
apoftolice dom. noftri pape ejufque auditoris & viceaudi-
toris ejufdem & omnium aliarum curiarum tam ecclefiafti-
carum quam fecularium.... Acta fuerunt hec Valentie, in
aula domus epifcopalis Valentie, teftibus prefentibus ven[bus]
& circumfpectis viris dom. Anthonio Cafedei in legibus

licenciato, Jaufferando Silmonis facrifta, Stephano Bueteti, canonicis ecclefie Valentine, Johanne Palmerii burgenfi Valentie, magiftris Petro Bernardi & Petro Gauterii notariis Valentie....

✠ Et me Reymundo de Sala, cive Valentie, notario auctoritatibus apoftolica & imperiali publico curieque Valentie jurato, qui de predictis notam recepi, una cum difcreto viro magiftro Johanne de Vergomafto, meo in hac parte collega....

(*) Extrait de l'orig. parch. qui n'a pas moins de 78 lig. Avec ce titre : *Civitatis Valencie ex una & domini Cruceoli partibus ex altera compromiffum pacis*, le dos porte une longue analyfe que nous fupprimons pour reproduire cette note précieufe : *Nil valet, quia dom. Johannes de Pictavia epifcopus Valentie pronunciavit fore nullam fentenciam quam protulerat pretextu hujus compromiffi* (ch. LXXVI), *fcilicet in alia fentencia arbitrali fequenti quam eciam tulit fuper eodem facto portus Rodani* (ch. LXXVIII).

LXXVI.   22 décembre 1431.

[*Sententia arbitralis dom. Johannis de Pictavia episcopi Valentie inter eosdem*]*.

IN DEI NOMINE, AMEN. Nos Johannes de Pictavia, Dei gracia Valentinenfis & Dienfis epifcopus & comes, dominus fuperior partium & rei feudalis infrafcriptarum, atque arbiter arbitrator & amicabilis compofitor a partibus infrafcriptis fuper rebus, negociis, queftionibus & controverfiis infrafcriptis cedandis, interpretandis, ordinandis & decidendis comuniter electus, notum facimus.... univerfis.... quod anno beatiffime Incarnationis ejufdem Domini millio quatercen. tricefimo primo & die fabbati ante feftum Nativitatis

Domini noſtri Iheſu Xpiſti, que erat & intitulabatur viceſima ſecunda dies menſis decembris, pontifficatus SS^ml in Xpiſto patris & dom. noſtri d. Eugenii div. provid. pape quarti anni primi; ad quam vero diem & horam veſperorum aſſignatum eſt de precepto & mandato noſtris magnifico & potenti dom. Giraudo Baſteti militi domino Cruceoli, homini & fideli ac conſanguineo noſtro & eccleſiarum noſtrarum, ſuo nomine, & procuratori ecclefie Sancti Petri de Burgo Valencie, dicte ecclefie nomine, dominis portus olim Burgi nunc vero Valencie vulgariter nuncupati, ex una parte, & dilectis noſtris Anthonio de Monte Cluſo & Petro Borſſerii, procuratoribus & ſcindicis modernis univerſitatis noſtre civitatis Valencie, ex parte altera, ad audiendum noſtram arbitralem & diffinitivam ſententiam, ordinationem, interpretationem & declarationem per nos proferendas in cauſa arbitrali.... vertente & indeciza pendente inter partes... ex cauſa dicti portus.... Quibus die & hora, apud dict. noſtram civitatem Valencie & in domo noſtra epiſcopali Valencie, in camera noſtra baſſa paramenti in qua pro tunc ad hec peragenda ſedebamus, venerunt perſonaliter & comparuerunt nobilis vir Guillelmus de Vernone caſtellanus Cruceoli ac procurator prefati domini Cruceoli, necnon providus vir Humbertus Polleti, notarius Valencie... procurator ven^llum virorum dominorum ecclefie Sancti Petri de Burgo... ex una parte..., petentes & inſtanter requirentes... ſentenciam... contra partem adverſam in expenſis damniſque & intereſſe... condempnari; comparuerunt ibidem ex adverſo ſupranom. Anthonius de Monteclufo & Petrus Borſſerii, procuratores...., aſſiſtente cum ipſis ven^ll & circumſp. viro dom. Giraudo Chabaſſii legum eximio profeſſore, eorum in hac parte conſiliario, petentes... Nos dict. epiſcopus & comes, dominus ſuperior..., prout conſtat inſtrumento publ. per Reymundum de Sala notarium... recepto..., auditis partibus..., necnon viſo & diligenter inſpecto tenore copie

litterarum quarumdam bone memorie rev^dl in Xpifto patris
dom. Falconis condam Valentin. epifcopi, predecefforis
noftri..., necnon etiam & vifa quadam papiri cedula pro
parte dict. findicorum & univerfitatis noftre Valentie....
producta..., ad noftras... diffinitivam fententiam, declarationem, ordinationem & interpretationem proceffimus....
& promulgari publice fecimus per organum dilecti noftri
Petri Bernardi notarii... in hec verba : § Johannes de Pictavia.... diffiniendo ordinamus noftramque interpretationem,
declarationem & diffinitionem... in his fcriptis proferimus,
prout in articulis feu capitulis inmediate fequentibus continetur : § Et primo, quod dominis dicti portus, qui nunc
funt & pro tempore fuerint..., licitum fit folita fui portus
Rodani navigia habere & aplicare in portu dicte civitatis
Valentie, necnon unum parvum & unicum naviolum dum-
taxat ad fimilitudinem aliorum parvorum rafferiorum, in
quo parvo naviolo gentes pedefter non ultra fex perfonas
ultra naucherios pro fervicio dicti portus ab utraque parte
tranfire poffint & valeant, folvendo & exhigendo a qualibet
perfona pedefter tranfeunte cum fuis bonis que fecum porta-
bunt duos denarios monete currentis pro tempore in prefenti
civitate Valencie; Rodano vero exceffive inundationis existente, tres denarios ejufdem monete tantum; a perfonis
vero equeftribus tranfeuntibus in aliis dicti portus navigiis
pro fe & equo ac bonis fuis duodecim denarios dicte monete
tantum, dicto vero flumine exceffive magno & inordinato
exiftente, decemocto denarios ejufdem monete & non ultra;
& pro quolibet animali onerato mercaturarum, duodecim
denarios tantum & non ultra; pro animali vero bovino, fex
denarios & non ultra, Rodano non exiftente exceffive
magno, exceffive vero exiftente octo denarios ejufdem
monete & non ultra; & pro animali porcino, dicto flumine
non exiftente exceffivo tres denarios & non ultra, & ipfo
exiftente exceffivo quatuor denarios tantum & non ultra;

& fimiliter de vitulis; de caprinis vero feu edulis lactis, unum denarium pro quolibet & non ultra. Et cum hiis domini dicti portus feu eorum deputati debeant a cetero merito contentari. § Item, quod liceat dict. civibus, incolis & habitatoribus dicte civitatis & cuilibet ipforum folita parva navigia tam pifcatoria quam rafferia aut alia, non tamen excedencia menfuram & capacitatem folitorum navigiorum rafferiorum, in dicto portu civitatis Valencie ultra citraque dict. flumen habere, tenere & applicare, & cum eis tociens quociens & quos pedefter voluerint, Lombardis ab hoc exceptis, tranfducere feu paffare omni impedimento ceffante, cum hac moderatione quod in quolibet dict. naviolorum feu rafferiorum non introducantur ultra navigatores feu nauctas nifi fex perfone, ad evictandum pericula que propter exceffiva navigiorum onera plurimumque folent evenire; a quibus perfonis & pro qualibet ipfarum ultra fummam duorum denariorum dicte monete nullathenus debeat nec poffit exhigi feu levari ad caufam paffagii feu portus fui jamdicti; pro qualibet vero die qua perfone antedicte tranfitum facient in dicto portu nifi in cafu quo dict. flumen effet exceffive magnum, quo cafu adveniente tres denarios dicte monete tantum exhigant & non ultra. § Item, quod quocienfcumque contingerit in dicto portu cum dict. naviolis & rafferiis aliquas perfonas pedefter tranfitum facere ultra vel citra dict. flumen portantes cuniculos, racemos cum paneriis in capite, fructus, perdrices, pollalhias, lepores, caprinos, edulos & vitulos lactis, necnon porcellos aut alias quafcumque res hiis fimiles, quarum pondus non exedat viginti quinque librarum, fraude quacumque ceffante, quod liceat dict. navigatoribus dicta parva navigia & rafferia tenentibus res hujdi impune tranfire feu tranfducere, cum moderatione tamen numeri dict. perfonarum fuperius declarati; quantum vero ad alias mercancias tranfitus feu tranfductus earumdem pertineat ad portum jam dict. dominorum Cruceoli & Burgi, nec de eis navigatores dict. parvorum navigiorum & rafferiorum fe ullathenus debeant intromictere, & hec erunt ufagia perpetua dicti portus, tam refpectu portus & pontaneriorum dict. dominorum quam parvorum navigiorum & rafferiorum civium habitatorum & incolarum dicte civitatis & ripparie ejufdem... § Que pre-miffa volumus & diffiniendo declaramus & injungimus dif-tricte per dominos fupradict. & dict. eorum portum... guber-nantes... necnon per cives noftre civitatis incolas & habitan-tes..., tenentes dicta parva navigia & rafferia, fraude qua-cumque ceffante obfervari : & hoc fub pena decem folid. cur-rentium, medietatem fifco noftro, aliam vero... dicto domino Cruceoli applicando.., ceffantibus quibufcumque inqueftis & proceffibus inquifitionalibus... Quas quidem noftras ordina-tionem, declarationem... jubemus per ambas partes... infra octo dies emologari...; pronunciantes nichilominus... quod fi... aliqua dubietas aut obfcuritas... appareret, ejus decla-rationem & expofitionem nobis viventibus retinemus & refervamus, fi vero poft difceffum noftrum..., noftro... fuc-ceffori. Quibus... Acta, lata & prolata fuerunt huj[di] fen-tentia & ordinatio publice, in prefencia & audiencia nobi-lium Alziacii Johannini civitatis Dienfis, Jordanoni Silvionis de Liberone, hon[llum] virorum Johannis de Salhiente, Jo-hannis de Genafio, Johannis Palmerii, Petri Dei Fecit, Bertrandi Romilhionis, tam burgenfium quam mercatorum, magiftrorum Reymundi de Sala, Mathei Borelli, notariorum civitatis Valencie, Johannis de Bergomaffio notarii Sancti Petriay, dicte Valentin. diocefis, pluriumque aliorum..., & me Petro Bernardi notario auctor. imper. publ. & curie Valent. jurato...... ✠

(*) Nous ne donnons qu'un extrait de cette fentence dont l'orig. parch. a une centaine de lig.; outre les longueurs, nous avons fupprimé le texte de la confultation des avocats de la ville, pleine de citations empruntées au *Corpus juris* & dont les motifs font tirés de la charte de l'évêque Falques.

LXXVII.   9 février 1433.

[*Sententia arbitralis dom. Johannis de Pictavia*
episcopi Valentin. et Diensis
circa jura et emolumenta portus Rodani]*.

In nomine Domini, amen. Ex hujus veri & publ. inſtru-
menti ſerie cunctis.... indubitanter appareat manifeſtum,
quod cum lites & controverſiæ diverſimode verterentur....
majoreſque verti & agitari ſperarentur.... inter nobilem &
potentem virum dom. Girardum Baſteti militem, dominum
loci Cruceoli & baroniæ ejuſdem, nomine ſuo.., & ven[le] capitulum eccleſiæ Sancti Petri de Burgo Valentiæ, nomine
eccleſiæ prædictæ.., ex parte una, & univerſitatem civitatis
Valentiæ & ſindicos ejuſdem ac burgenſes, cives, incolas &
habitatores ipſius civitatis, ex parte altera, ipſis domino
Cruceoli & ven[u] capitulo aſſerentibus quod, licet ipſi ſint
& diu fuerint domini portus Rhodani ſecus Valentiam &
Burgum ejuſdem ejuſque territoria teneri & exerceri ſoliti,
& ipſi domino Cruceoli pro tertia & eccleſiæ prædictæ pro
duabus partibus jura, emolumenta & proventus dicti portus
pleno jure pertinuerint & pertineant, eiſque & pontonibus
per ipſos pro tempore deputatis licuerit & liceat in dicto
portu pro exercitio ipſius portus tot & tanta navigia magna
& parva tenere & habere quot & quanta voluerint, exerci-
tiumque dicti portus ſecus dict. civitatem tenere ac navigia
quæcumque ipſius portus in mœniis ripplariæ dictæ civitatis
pro ſuo libito voluntatis alligare & quibuſcumque Rhodanum
tranſire volentibus, cum animalibus, rebus & bonis quibuſcumque, pedeſter & equeſter, per portalia dictæ civitatis &

ripariæ ejufdem liberum greffum & egreffum habuiffe & habere ad navigia dicti portus & ab ipfis navigiis ad dict. civitatem, abfque eo quod burgenfes, cives & incolæ aut alii quicumque habitatores civitatis prædictæ & fuburbiorum ejufdem in limitibus dicti portus navigia caufa lucri feu minuendi jura portus tenere aut exercitium paffagii ipfius portus ibidem habere debuerint vel debeant aliter quam modo & forma latius contentis in inftrumento cujufd. fententiæ per bo. me. rever. in Chrifto patrem & dom. noftrum d. Falconem mifer. div. quondam epifcopum Valentiæ..... *(fuit la ch. XIV);* nihilominus plures ex burgenfibus, civibus, incolis & habitatoribus præfatis ordinationes & declarationes in dicta fententia contentas temporibus retro lapfis de facto pluries infregerint & dietim infringere non ceffant, non permittentes ipfos dominos & pontonarios dicti portus ibidem pacifice tenere & cum eis tranfire, *etc.;* &, quod deterius eft, quædam parva navigia & rafferia nuncupata in portu prædicto caufa lucri tenentes & cum eis portum exercentes, ultra montanos (petentes) & limina fanctorum vifitantes, nec non quadrupedia ac ceram, mel, ferrum & cætera.... prohibita, Rodanum tranfeundo & retranfeundo, ac jura & emolumenta portus prædicti.... minuendo & conductoribus ipforum rafferiorum minime jufte appropriando pontaneriofque dict. dominorum... diverfimode perturbando, & tranfire volentes ad tranfeundum.... indifferenter in huj^dī rafferiis invitando, recipiendo & inde tranfducendo, licet navigia dicti portus effent ad tranfitum peracta, ac ipfos pontanerios in curia feculari Valentiæ multimode in queftum de die in diem procurando, in proceffibus involvendo ac per rev. in Chᵒ pat. & dom. noft. d. Joannem de Pictavia mis. div. Valent. & Dienfem epifcopum & comitem, tunc arbitrum... electum..., capitulo ecclefiæ Sⁱ Petri non vocato, inadvertenter ac nulliter etiam poft finitum compromiffum in favorem ipfius univerfitatis & præjudicium ecclefiæ & domⁱ Cruceoli pronunciari & ordinari

procurando... : quæ, ut dicebant, cedunt in ipforum dominorum præjudicium non modicum & jurium dicti eorum
portus diminutionem & juftitiæ læfionem.... Hinc eft quod
anno falutiferæ Incarnationis Domin. M° CCCC° XXXII°,
indict. xi° & die ix° menfis februarii, pontificatus SS. in Ch°
pat. & dom. nos. d. Eugenii fup. provid. papæ IV¹ anno
11°...., conftituti perfonaliter fupranomin. dom. Giraldus
Bafteti.. & difcretus vir d. Joannes de Ulmeto, presbiter &
procurator ecclefiæ S¹ Petri de Burgo, affiftentibus cum
eodem ac infra fcripta tractantibus ac confentientibus egregiis viris dd. Pontio de Alto Vilarii, in legibus licenciato,
præpofito ecclefiæ Valentiæ ac abbate & canonico ecclefiæ
prædictæ S¹ Petri, Symone Meffes, in decretis licenciato,
vicario & officiali Valentiæ, Jaufferando Silvionis, facrifta
ecclefiæ Valentiæ, canonicis dictæ ecclefiæ S¹ Petri, prout
conftat... publ. inftrumento recepto... manu Bertrandi Al-
nulphi quond. notarii.. fub anno Dom. 1429 & die 27 mens.
junii.., ex parte una, & hon¹ᵉˢ viri Maretus de Bello Caftro
& Joannes de Colomberia, findici univerfitatis civitatis Valentiæ, prout conftat.. publ. inftrumento recepto.. manu
mag. Reynaudi de Sala not. fub anno dom. Incarn. 1432
& die 6 mens. decembris..., ex parte altera, affiftentibus..
& confentientibus egregio viro Giraudo Chabatii, legum
doctore, affeffore dict. findicorum, necnon providis viris
Claudio Ploverii, Joanne de Cafta, Petro Magiftri, Guilhelmo Sextoris, Petro Chinardi, mercatoribus, Joanne
Michalha, Guillelmo Cajani, Stephano Batilhionis & Antonio Novelli, confiliariis dictæ univerfitatis pro anno præfenti feu loco confiliariorum deputatis, honorabilibufque
viris Joanne de Salliente, Joanne de Genafio, Ludovico de
Genafio, Joanne Palmerii, Antonio de Monteclufo, Arnaudo Perolerii & Petro Champelli, mercatoribus & burgenfibus civitatis prædictæ...; quæ quidem partes..., cupientes de queftionibus & controverfiis ante dict... ad bo-

nam, veram & amicabilem concordiam devenire.., compromiferunt altæ & baffæ.. in rever. in Chrifto patrem & domin. noftrum dom. Joannem de Pictavia, mifer. div. Valent.
& Dienfem epifcopum & comitem, ibidem præfentem &
huj^dl^ compromiffum in fe gratis fufcipientem..., dantes &
concedentes, *etc., etc.* Acta fuerunt hæc Valentiæ, in aula
magna domus folitæ habitationis fupra dicti dom. Jofferandi
Silvionis, facriftæ ecclefiæ Valent...., præfentibus ibidem
ven^bus^ & egregiis viris dom. Guillelmo de Pictavia, decano
ecclefiæ Valent., mag. Alphonfio de Polombario, magiftro
in medicina habitatore Valentiæ, nobilibus Philipo Baftardo
de Pictavia, Guinoto Salmia, Guillelmo de Venonis, caftellano Cruceoli, Petro Silvionis correrario Valentiæ, provi-
difque viris mag. Petro Bernardi, procuratore fifcali Valent.,
Joanne de Bergomafio, de Sancto Petro Valent. diœcefis, &
Humberto Poleti, Valentiæ notariis; & me Petro Gauterii,
notario publ. — Poftque vero, anno prædicto..., indict. &
die fupradict., paulo poft recitationem compromiffi fupra
fcripti partes fuperius nominatæ comparentes coram.. dom.
Joanne de Pictavia, epifcopo & comite Valent. & Dien., arbitro..., petierunt & humiliter fuplicaverunt... pronunciari
fententiam & ordinari...; unde prælibatus d. nofter epifcopus
& comes..., vifis & auditis..., plenarie informatus... pronunciavit & per fuas arbitrales fententias in fcriptis ordinavit ut fequitur : Imprimis, vifa fententia arbitrali alias
per ipfum dom. noftrum.. prolata, quia.. non conftat dom.
procuratorem & capitulum dictæ ecclefiæ St Petri... in
ipfum epifcopum compromififfe, nam poft factum compromiffum tunc inter dict. dom. Cruceoli & findicos Valentiæ
prolata fuit inadvertenter fententia arbitralis.., igitur ex
his & aliis rationalibus caufis.. dict. fententiam.. de confenfu partium perinde habuit, declaravit & ordinavit ac fi
numquam prolata fuiffet; item pronunciavit... quod quicumque ex burgenfibus, incolis, pifcatoribus & habitato-

ribus dictæ civitatis Valent. & fuburbiorum ejufdem tenentes... in flumine Rodani rafferia, poffint & eis licitum fit...
quofcumque ultra montanis & vifitantibus limina fanctorum, non commorantibus in civitatibus vel diœcefi Valentin. & Dienfi exceptis, Rodanum tranfire & retranfire
cum rafferiis prædict., una cum rebus & mercibus quibufcumque ufque tamen ad pondus pro quolibet & qualibet
vice quod ad collum vel caput hominis faciliter de domicilio
deferentis feu ad ipfum domicilium deferri poterit : provifo
quod in hoc fraus non fiat, videl. quod chargia animalis
per particulas non dividatur ad effectum fraudandi jura
portus, & etiam provifo quod huj^{dl} rafferiorum conductores
feu cum eis navigantes in qualibet paffata... ultra feptem
perforfas inclufis ipfis conductoribus fimul tranfire non poffint nec debeant, & hoc fub pœna decem folid. monetæ in
Valentia pro tempore currentis.. totiens quotiens.. commit-
tenda & pro medietate eidem dom. epifcopo & comiti... &
pro alia domino Cruceoli.., abfque tamen alia pœna feu
multa, ratione inqueftarum vel alia..; item pronunciavit..,
quod præfati dict. rafferiorum conductores feu cum ipfis
rafferiis navigantes... poffint & valeant in dict. rafferiis tranfire vitulos lactis, motones, oves, caprinos, agnos, porcellos & fimilia animalia & quadrupedia.., dict. dominis portus falvo quod ipfi dict. rafferiorum conductores feu cum
ipfis navigantes jura & emolumenta, quæ pontaneriis dominorum portus deberentur ratione portus feu paffagii fi in
eorum navibus tranfiviffent, ab illis qui huj^{dl} quadrupedia
tranfire fecerunt exigere teneantur & illa jura & emolumenta integre fine fraude tradere & folvere teneantur pontaneriis dominorum portus.., & fi illi quorum fuerint huj^{dl}
quadrupedia in navibus dict. dominorum tranfire voluerint,
hoc eis liceat pro fuo libito voluntatis..., fub pœna prædicta
ut fupra ; item continuo pronunciavit... quod domini dicti
portus... & pontonerii eorumdem poffint & valeant ac eis

licitum fit in dicto portu habere & tenere pro exercitio dicti portus duas vel plures naves, quarum major fit vel effe debeat latitudinis feptem pedum & minoris necnon ut unum folum carratonum qui non fit minoris latitudinis quatuor pedum, & cum eis quofcumque volentes pedefter vel equefter Rodanum tranfire & retranfire : provifo tamen quod in dicto carratono nifi effet latitudinis quinque pedum vel fupra agnos vel alia groffa animalia fimilia tranfire non debeant neque poffint, provifo etiam quod per naves & carretonum prædict. feu pontanerios dict. dominorum rafferia prædicta feu conductores ipforum in fuo tranfitu eundo & redeundo aut tranfire volentes recipiendo non impediant in aliquo nec extra, fed hinc inde modis præmiffis liber fiat tranfitus & regreffus : ceffet tamen ab utraque parte.. invitatio, fub pœna decem folidor..; item, quia plerumque tam ex parte pontoneriorum dict. dominorum dicti portus quam etiam ex parte tenentium rafferia prædicta & cum eis navigantium plures exceffus, fraudes, extorfiones & abufus committi folent fuper exactione mercedis eis debitæ ad caufam tranfitus ejufdem portus, igitur... prælib. dom. arbiter... pronunciavit... quod de cætero non liceat dominis & pontoneriis... exigere ratione mercedis tranfitus ipfius portus a quocumque ex burgenfibus, civibus, incolis & habitatoribus præfatis pedefter Rodanum tranfeunte cum rebus & mercibus quas portaverit pro qualibet vice..., Rodano non exiftente exceffivo, ultra tres denarios monetæ papalis pro tempore in Valentia communiter currentis, & a quocumque... equefter feu cum uno equo aut alio æquipolenti animali... tranfeunte ultra duodecim denarios ejufdem monetæ, & pro quolibet groffo animali onerato mercantiis quibufcumque ultra duodecim denarios, fimiliter pro quolibet bove, vacca ultra fex denarios, & pro groffo animali porcino ultra tres denarios, & pro vitulo lactis ultra tres denarios, pro ædulis feu caprinis lactis unum denarium ejufdem monetæ, pro

quolibet mutone & qualibet ove ultra duos denarios, pro
qualibet vice...: quæ limitatio quantum ad extraneos nulla-
tenus extendatur feu intelligatur, fed quoad illos ut eft ab
antiquo confuetum, exceffu & extorfione evidentibus ceffantibus, merces pontoneriorum per ipfos exigatur; Rodano pro
exceffivo exiftente vel extra rippas fluente vel urgente temporis afperitate, frigore, nemio feu impetu ventorum ceffante, tunc prædicti pontonerii mercedem fuam... fecundum
temporis & laboris qualitatem fine alia limitatione, ut eft ab
antiquo confuetum, exigere poffint & eis licitum fit, exceffu
& extorfione evidentibus ceffantibus..; item pronunciavit...
quod non liceat tenentibus.. rafferia huj^{dt} a quocumque pedefter in fuis rafferiis Rodanum cum bonis & mercibus...
tranfeunte, dicto Rodano non exiftente exceffivo, ultra tres
denarios monetæ fupra dictæ exigere vel habere pro fua
mercede..; item deinde pronunciavit... quod de cætero perpetuo liceat dominis dicti portus &... pontoneriis ipforum...
libere & impune fua... navigia in flumine Rodani fecus dict.
civitatem Valentiæ in locis magis aptis tenere & in mœniis
ripariæ dictæ civitatis totiens quotiens eis placuerit alligare
& alligata tenere ac per portalia ipfius civitatis ad hoc apta ad
dicta eorum navigia decentem & liberum aditum & greffum
& regreffum habere, & portum fupradict. ibidem tenere,
habere & exercere..., abfque eo quod per univerfitatem ac
burgenfes... præfatos... in aliquo impediantur, prædictæque
univerfitatis burgenfes, cives, incolæ & habitatores ab
omni impedimento fuper hoc inferendo totaliter defiftere teneantur; & fi per dict. pontonerios... feu navigia dict. dominorum in mœniis dictæ civitatis feu ripariæ ejufdem damnum aliquod inferatur, illud dicti pontonerii emendare teneantur, abfque tamen eo quod fuper hoc inqueftentur, nifi
appareret quod fcienter & malitiofe... intuliffent; item fub-
fequenter pronunciavit... quod... alia in eorum plenaria remaneant firmitate, abfque alia novatione...; item continue

pronunciavit... quod quælibet dict. partium folvat & fupor-
tet fuas expenfas, damna & intereffe ex controverfiis prædict...; item poftremo pronunciavit... quod partes... ordinata
& declarata per ipfum in continenti laudent, approbent &
emologent, *quod & fecerunt.* Acta & recitata fuerunt hæc
Valentiæ, ubi fupra.., præfentibus ibidem fupra nominatis..
teftibus. — Subfequenter, anno prædicto, xiᵉ indict. & die
xxiᵉ mens. februarii.., ad quam quidem diem continuatum
erat capitulum generale dictæ ecclefiæ Sⁱ Petri noviffime ce-
lebratum, convenerunt in capella Sanctæ Catharinæ fituata
in clauftro dictæ ecclefiæ, in qua actus capitulares ipfius
ecclefiæ communiter confueverunt exerceri, venᵉˢ viri dom.
Pontius de Altovillari, in juribus legitime licenciatus,
Joannes de Argento, Simon Meffes, in decretis licenciatus,
Guillelmus Martelli & Petrus de Sala, canonici capitulantes
& capitulum ipfius ecclefiæ... in abfentia venᵘᵉ viri dom.
Stephani Ploverii, in decretis licenciati, prioris ecclefiæ
prædictæ, tunc in remotis agentis, tenentes & celebrantes,
informati de pronunciationibus... per dom. noftr. epifcopum & comitem... prolatis... per lecturam notæ præfentis
eifdem... de verbo ad verbum lectæ & explicatæ, *eas*...., ad
requeftam Mareti de Bello Caftro findici & mag. Reymondi
de Sala notarii Valentiæ, procuratoris generalis dictæ univerfitatis...., laudaverunt, approbaverunt, emologaverunt
& expreffe confirmaverunt... Acta & recitata fuerunt hæc in
dicta capella.., præfentibus ibidem difcretis viris dom. Guillelmo de Claromonte, Petro Cuilionis, Petro de Carreria,
presbyteris dictæ ecclefiæ, magg. Humberto Polleti, Ma-
thæo Locelli, notariis Valentiæ, & Bertono Mathæi, habitatore in fufana dicti Burgi....

(*) Texte dans un cahier de 41 pag. in-4ᵉ, fuivi de la procuration donnée
à Jean *de Ulmeto* par les chanoines du Bourg, le 27 juin 1429, & de celle
confiée à Maret *de Bello Caftro* & à Jean *de Colomberia* par les citoyens de
Valence, le 6 décembre 1432, & précédé d'une fupplique des « confuls,
» manants & habitants » de Valence en date du 29 août 1594.

LXXVIII.   22 janvier 1443.

[*Tributa concessa levari per consiliarios Burgi*]*.

ANNO Domini M° CCCC° XLII°, indictione vi° & die xxii° menfis januarii..., venerunt ad præfentiam egregii viri dom. Damiani Sextoris, in legibus licenciati, ecclefiæ Valentiæ præpofiti & abbatis ecclefiæ Burgi, & etiam in præfentia ven^llum virorum dd. Joannis de Argento, Symonis Meffes, decretorum doctoris, Guillermi Agarcelli, Joannis Perrini & Joannis Silvionis, canonicorum dictæ ecclefiæ Burgi, nomine dd. prioris & capituli dictæ ecclefiæ... vocati, Reymondus de Vallibus, Bartholomeus Michaelis alias Berthole, findici dicti Burgi, Berthonus Focherii, Joannes Mundonis, Guillermus Rege & Petrus Tachonis, dicti Burgi confiliarii, & Perononus Dorerii dicti Burgi, & eidem dom. præpofito & abbati benigne requifierunt & fupplicaverunt...... ut eifdem concederet tributa fequentia : primo, quoddam tributum appellatum communia, cum intrata vini, prout utitur in civitate Valentiæ, ad & per xxiii annos die fefti Natalis Domini proxime præteriti inceptos & finitos de dicta die in xxiii annis, pro claufura, fortificatione, reparatione, conftructione & cuftodia dicti Burgi, & pro muris conftruendis, potiffime cum omnibus emolumentis quæ ex dict. communia, intrata vini & indictis in macellis Burgi pofitis poterunt provenire durante dicto tempore, in dict. muris, fortificatione & ædificatione laudabiliter & utiliter applicabunt, etiam attento quod nihil habent in communi de quo poffent fupportare claufuram atque fortificationem huj^dl. Qui quidem dom. præpofitus & abbas, auditis dict. requeftis tamque juftis & confonis ra-

tioni, & etiam informatus de prædictis.. & habita deliberatione cum fupradict. dominis de capitulo... & eorum confenfu, dicta tributa communiæ & intratæ vini & indicti
pofiti in macellis dicti Burgi pro fortificatione, reparatione
& conftructione dicti Burgi, ut fupra, convertendi ac modo
& forma quibus in civitate Valentiæ levantur & exiguntur
ac univerfitati prædictæ conceffum extitit levandi, recupe-
randi feu vendendi dict. findicis, confiliariis...; & per dict.
d. abbatem & dominos dicti capituli... ante & poft reten-
tum, & per dict. findicos, confiliarios & alios ibidem adf-
tantes conceffum : & primo, quod communia & intrata
vini ratione tributi... conceffi... eidem dom. abbati & fuis
fucceffibus folvantur annuatim per dict. findicos & eorum
fucceffores, videl. quinque floreni monetæ currentis in quolibet fefto Natalis Domini ; itemque nec dict. d. abbas neque
fui fucceffores ad nullam intratam vini... infra dict. Burgum
ponendi pro neceffitate feu provifione vini banni fui vendendi
in dicto Burgo annuatim, ut eft de more, non teneatur
prout non tenetur, nifi de vino quod remaneret in fotulo
banni poft venditionem dicti banni & de refta quæ debeat
folvi intrata, fraude quacumque ceffante. Et fimiliter domini de capitulo retinuerunt... quod ipfi neque alii domini
dictæ ecclefiæ neque ille qui emet quindenam vini dictæ
ecclefiæ quæ venditur annuatim in dicto Burgo de menfe
augufti ad nullam intratam vini... pro vino ponendo infra dict. Burgum pro provifione quindenæ vini teneantur
prout nec tenentur, nifi de refta vini quod remaneret in ta-
berna...; itemque ratione indicti... conceffi, dicti findici &
eorum fucceffores dicto d. abbati feu ejus bajulo & fuis fuccefforibus annuatim, dicto tempore durante, in dicto fefto
Natalis Domini teneantur folvere quinque florenos... &
dom. correario ecclefiæ dicti Burgi, cujus funt linguæ &
numbli de animalibus quæ venduntur in macellis dicti
Burgi, attento quod effent plures macellarii qui non funt

de præfenti, cafu quo dict. indictum... non fuiffet pofitum
haberetque plurimas linguas & numblos quam non habet
de præfenti, folvere teneantur annuatim... xviii groffos monetæ currentis...; & ulterius quod ultra prædicta recipiat...
a macellariis linguas & numblos.. ut confuevit..; & ulterius
quod dicti findici teneantur folvere dicto d. abbati arreragia
quæ eidem deberi poterunt ratione dict. v florenorum ab
una parte & aliorum v floren. ab altera.., & fimiliter dom.
correario dictæ ecclefiæ... arreragia dict. xviii groiforum, &
de xx florenis conceffis dicto d. abbati quando aliàs concefferat tributum macelli, ipfos.. confeffus fuit habuiffe a dict.
findicis per manus Joannis de Fabrica... Dicti findici... promiferunt... De quibus... Actum Valentiæ, in domo hære-
dum egregii viri dom. Hugonis de Genafio quondam, decretorum doctoris & decani ecclefiæ Valentiæ, fcil. in aula
baffa dictæ domus, teftibus præfentibus ibidem difcretis viris dd. Durando de Chabreriis, Goneto Sautonis, Joanne
Ferralhonis, presbyteris ecclefiæ Valentiæ, & Stephano fcu-
tifero dicti d. præpofiti & abbatis...; & mag. Humberto
Polleti, notario publ. curiæque Valentiæ jurato......

(*) Copie de *vidimus* délivré par Félix Bouviac, juge de la cour du
prieuré.

LXXIX.   (circ. 1440).

Statuta venerabilis ecclesiæ collegiatæ S^{ti} Petri
Burgi Valentiæ *.

. . . .

Nos procedi ad predicta juxta ipfius hodiellne noftre affi-
gnationis formam tenoremque & mentem, fic nos me-
moratus epifcopus, judex & commiffarius, vifis infuper

articulis inquifitionalibus fuper dicto ftatu ipfius ecclefie
conceptis ac teftium fuper eifdem debite examinatorum actef-
tationibus aliifque dictis, propofitis, productis, allegatis ac
fieri requifitis & querelis fupradictis, necnon aliis de jure
videndis, fedentes pro tribunali more majorum, folum
Deum & fanctas Scripturas, omni gracia, odio & timore
poftpofitis, noftris pre oculis habentes, viaque regia & fine
acceptatione perfonarum procedentes, & nichil de contingen-
tibus in eifdem & circa ea obmictentes, fed fervatis follemp-
nitatibus in talibus opportunis fervarique debitis & folitis,
Xpifti gloriofo nomine, quod eft fupra omne nomen, devo-
tiffime invocato juxta Appoftoli textimonium, dicentis quod
in cujuflibet boni operis principio eft nomen Domini noftri
Jhefu Xpifti invocandum & fignum fancte Crucis faciendum,
dicentes : In nomine fancte & individue Trinitatis que fola
eft univerforum principium, preter quod aliud inveniri non
poteft, Patris & Filii & Spiritus Sancti, amen; quia comperimus & legictime nobis conftitit & conftat dict. venerabilem ecclefiam Sancti Petri vifitationis, correctionis & ref-
formationis officio indigere, eapropter hiis & aliis juftis de
caufis nos ad hec moventibus movereque debentibus, ad eafdem noftras devenimus ordinationes in hunc qui fequitur
modum : § In primis ftatuimus & ordinamus quod ordinationes & cerimonias contenctas & defcriptas in quodam
libro pergameno, difponentes de & fuper divinis officiis &
horis canonicis & ipfas & ipfa concernentibus, de parte ad
partem, verbo ad verbum, fillaba ad fillabam firmiter
teneant, obfervent & actendant domini prior & canonici
five capitulum ac chorearii & alii omnes fervitores dicte ecclefie, & unufquifque injunctum fibi officium in choro vel
ecclefia bene & diligenter perfolvat : quod fi aliquis ipforum
defficiat, corrigatur celeriter & incontinenti per magiftrum
chori vel alium ad quem fpectat, & quilibet defficiens ad
ipfius magiftri chori preceptum vel alterius juxta confuetu-

dinem ecclefie obtemperet, quod fi non fecerit diftributionibus illius diei qua defecerit & non obtemperaverit privatus
fit ipfo facto & comuni dicte ecclefie cedat illa diftributio.
§ 2) DE DIVINO OFFICIO PERSOLVENDO. Super divino officio per-
folvendo & quo tempore, quo quifque debet effe, qualiter
eciam non licet vagari per [clauftra] extra ecclefiam nec ca-
pitula tenere tempore divinorum & de facienda tabula qualibet feptimana vel menfe, fuper omnibus iftis & certis aliis
divinum officium concernentibus precipimus efficaciter obfervari decreta facri Bafilienfis (concilii) inde edicta, quorum
tenores fequntur: Si quis principem[1]... pena. Quo tempore
quifque debet effe in choro... ufurpat. De hiis qui tempore
divinorum vagantur per ecclefiam... cogatur. Irrictacio con-
fuetudinum contra hoc decretum & de his qui ratione officia-
litatis percipiunt diftributiones. Omnes autem confuetudines, ftatuta aut previlegia que huic noftro contradicunt
decreto, nifi forte majores adicerent penas, caffamus & irritamus, & prefertim illam confuetudinem qua prepofiti[2]...
percipiunt. De tabula pendenti in choro... amictat. De hiis
qui in miffa non complent... caftigetur. De tenentibus capi-
tula tempore,... Ne cultus impediatur divinus, prohibet...
lucrentur. De fpectaculis in ecclefia non faciendis... permic-
tant, quynimmo fic illos puniant quod & ipfis & ceteris
terrorem incutiat. Item, quia per depofitiones teftium & in-
formationes inde fumptas necnon per ftatuta & obfervantias
ipfius ecclefie comperimus dd. priorem & canonicos diebus
follempnibus & majoribus feftivitatibus anni teneri, fcel.
ipfum dom. priorem ad intereffendum & incohandum horas
canonicas magnamque miffam, tranfgreffores per... quinto.
§ 3) ITEM ftatutum eft quod, quandocumque contigerit
aliquem canonicum vel clericum Sancti Petri intrare aliquam religionem, affumendo ibidem habitum novitiatorum
vel profefforum, quod ipfo facto chorum amittant & beneficio ipfius ecclefie perpetuis temporibus fit privatus & nun-

quam in dicta ecclesia ut clericus ipsius ecclesie de cetero admittatur, nisi secum per capitulum misericorditer fuerit dispensatum. § 4) ITEM, quod nullus apostata recipiatur in canonicum seu clericum hujus ecclesie : apostatam intelligimus qui recedit ab ordine sumpte religionis, quam professus fuit tacite vel expresse. § 5) ITEM fuit statutum quod quicunque de cetero creabitur in canonicum hujus ecclesie non ascendat nec installetur supra chorum nec habeat vocem in capitulo nec intret in capitulo nec percipiat in pertendis canonicorum morientium, nisi vicesimum annum etatis sue compleverit & in sacris ordinibus fuerit constitutus. § 6) ITEM, cum ecclesia indigeat diversis ornamentis & capis, ideo statuimus quod quicunque qui deinceps creabitur vel instituetur canonicus in dicta ecclesia solvere teneatur unam capam vel pro capa quadraginta florenos antequam aliquid percipiat in pertendis nec vocem habeat in capitulo nec incipiat suam residentiam. § 7) ITEM, quod quocienscumque canonicus de novo creabitur vel auctoritate appostolica recipietur in hac ecclesia, quod ipse jurare teneatur supra sancta Dei Euvangelia posita supra majus altare & ab ipso corporaliter tacta jura, res, bona, previlegia clericis necnon & familiam ipsius ecclesie manutenere, servare & deffendere suo posse, consuetudines, statuta & constitutiones hujus ecclesie justas, possibiles, licitas & honestas, rationabiles & non obviantes libertati ecclesie tenere & observare, secreta capituli celare & secrete tenere & non revelare alicui qui non sit canonicus seu de capitulo. § 8) ITEM, quod canonici qui de novo creabuntur post creationem suam, antequam percipiant aliquid de divisionibus terrarum seu pertendarum canonicorum morientium, teneantur facere annuam residentiam personalem, saltem per modum inferius in nostris statutis contentum, ita tamen quod de toto illo anno in quo facient primam residentiam nichil percipiant de pertendis si contigerit aliquem canonicorum mori. § 9) ITEM, ipsi cano-

nici ad hoc ut lucrentur octo feftaria frumenti, duas fomatas
vini, duos panes, duos capones & tres gallinas, teneantur in
Burgo refidentiam facere perfonalem & intereffe in dicta ecclefia obfequiis & officiis divinis per tres menfes, & qualibet
die ipforum trium menfium faltem in duobus horis princi-
palibus diei, videl. in matutinis & altera miffarum, vel
altera miffarum earumdem & vefperis, vel in matutinis &
vefperis, ita quod qui intererit in altera miffarum teneatur
intereffe & in proceffione, & ipfa refidentia trium menfium
conjunctim & per fucceffivos dies fiat, videl. tempore Adven-
tus Domini, in Quadragefima & menfe Augufti : hoc noftro
addicientes ftatuto, quod canonicus panaterius, duo curati,
duo chorarii & alii chorarii dicte ecclefie qui per duas partes
anni erunt & fuerunt refidentes & perfonaliter intererunt
obfequiis, officiis divinis in dicta ecclefia, faltim horis &
temporibus quibus fupra, percipiant videl. canonicus panaterius, ebdomadarius, curati & quilibet ipforum octo
feftaria frumenti, duas fomatas vini, duos panes & tres
gallinas, alii vero chorarii quatuor feftaria frumenti, unum
panem, unum caponem, unam gallinam ; addicientes
etiam quod in aliis divinis & horis canonicis non deffi-
ciant, faltem illi duo primi cantores qui fcribentur in
tabula, fed interfint per fe vel per alium cum aliis tenentibus chorum ; volumus etiam unumquemque predicte ecclefie lucrari alias diftributiones cothedianas diebus quibus
intererunt perfonaliter obfequiis & officiis divinis ut fupra.
Si quis autem contra premiffa vel aliquod ex eis contrave-
nerit, nifi infirmitate aut alia legittima de caufa examinanda
per dict. canonicos excufetur, predict. fuis diftributionibus
& fructibus applicandis communi predicte ecclefie fit eo ipfo
privatus nec poffit capitulum fuper predicta refidentia canonicorum vel fervitorum difpenfare, & quicquid factum fuerit in contrarium fit irritum & nullum ipfo jure. § 10) ITEM
fuit ftatutum quod illi canonici dicantur feu reputentur tan-

tummodo refidentes qui jacebunt de nocte & comedent
femel faltim in die vel in prandio vel in cena in dicto Burgo
vel parrochia dicti Burgi, & ad horas venient feu eis intererunt prout fupra difpofitum eft. § 11) ITEM ftatuimus & ordinamus quod impofterum canonici, qui fingulis annis in die
beatorum Petri & Pauli appoftolorum inceperint eorum refidentiam & intererint officiis & horis divinis illa die ut fupra, tales lucrentur partes fuas bonorum canonicorum illo
anno morientium & decimas agnorum, alias non : & fi fecus
factum fuerit, irritum fit & inane. § 12) ITEM, quod quandocunque contigerit mori aliquem poft feftum appoftolorum
Petri & Pauli, quod omnes fructus & redditus obvenientes
a dicto fefto ufque ad aliud feftum proxime fubfequens anno
refoluto, quos quidem fructus, redditus dict. canonicus obtinebat in vita fua ratione canonicatus, percipiant & integre
percipere debeant heredes feu exequutores canonici predicti
deffuncti pro debitis, clamoribus & legatis ipfius folvendis
& fedandis ac ejus difpoficione ultima attendenda, fic tamen
quod de dict. fructibus & redditibus ante omnes alios cre-
ditores, conquerentes & legatarios ipfi ecclefie fatisfaciant &
de debitis in quibus dicte ecclefie tenetur tempore mortis
fue & legatis fi que eidem ecclefie fecerit in ultima fua voluntate. § 13) ITEM ftatuimus & ordinamus quod in bonis
decedentium canonicorum, fi aliqua ad dividendum inter
canonicos remaneant indivifa & ex poft per alterum ex ipfis
vel alium de ecclefia reperta fuerint, ille vel illi talia com-
perta revelare teneatur feu teneantur, fub pena perjurii, canonicis qui illa inter fe dividant equis portionibus. § 14) ITEM
fuit ftatutum quod quocienfcunque contigerit aliquem canonicum mori extra civitatem Valentie ubicunque, per primo
fero quo dicta mors erit certifficata debeant pulfari tria cla-
ficula cum omnibus fignis feu campanis, & in craftinum
debeat celebrari in majori altari dicte ecclefie una miffa mortuorum pro anima ejufdem canonici, & poft dict. miffam

fieri proceſſio in cimiſterio vel clauſtro. § 15) ITEM, quod nullus canonicus extra capitulum preſtet conſenſum vel aſ- fenſum alicui de qualicunque negocio ecclefiaſtico vel ſeculari pertinente ſeu tangente hanc eccleſiam ſive capitulum, ipſius lićteram concedendo vel ſigillum ſuum lićteris apponendo vel promiſſionem per ſacramentum faciendo, niſi prius ſit poſitum & digeſtum in capitulo inter dd. canonicos de eorum mandato. § 16) ITEM ſtatuimus quod nullus dićt. dd. prioris & canonicorum faciat fraudem quoviſmodo in emendo ſuo nomine rem aliquam, pro qua debeantur inde laudimia dićte ecclefie, ut rem ipſam poſtea remićtat alteri, ut ſic lucretur laudimia ipſa exinde ſibi remiſſa favore ſui : & ſi ſecus per quenquam ex dićt. dd. priore & canonicis factum extiterit, talis teneatur infra menſem ex tunc computandum ad lau- dimia ipſa reſtituenda ipſi ecclefie ſeu communi ejuſdem, & hoc ſub pena excommunicationis quam incurrat ipſo facto, a qua non poſſit abſolvi donec reſtitutione ex integro per eum facta dićto communi eorumdem laudimiorum. § 17) ITEM fuit ſtatutum quod ſi aliquis canonicus hujus ecclefie debuerit aliquid eidem ecclefie vel ratione anniverſariorum ejuſdem & monitus ſemel per correarium infra viginti dies ſatisfacere contempſerit, ex tunc non intret nec vocem ha- beat in capitulo nec ad communes tractatus vocetur donec ſatisfecerit competenter. § 18) ITEM, quod amodo carta aliqua ſeu inſtrumentum aliquod continens contractum alienationis bonorum ſeu rerum ecclefie minime ſigilletur niſi in capitulo generali, in preſentia canonicorum. § 19) ITEM, quod pro ſigillo litterarum inſtitutionum, dimiſſoriarum, introitus chori aliorumque ſpiritualium & eidem annexorum nichil recipiatur, ſed ſervetur decretum Baſilienſis concilii ſuper hoc providens, cujus tenor ſequitur & eſt talis : « Sacroſancta [3]..... » puniantur. » § 20) ITEM ſtatuimus & ordinamus quod de- inceps unus tantummodo ex canonicis eligatur correarius, qui queremonias audiat & juſticiam miniſtret, ipſeque ſit the-

faurarius & thefaurariam diéte ecclefie regat, preftetque in fui
creatione juramentum fuper fanéta Dei Evangelia in manibus
canonicorum, quod bene & fideliter fuo poffe intendet fuper
ipfis jufticia & thefauraria & quod de omnibus tam canonicis
quam aliis eque jufticiam miniftrabit & neminem indebite
ledet fui officii pretextu, per quem volumus percipi unum
modium vini fecundum quod aéthenus confuetum eft cum
emulimento figilli & aliis confuetis : ita quod fi fit jurifta in
diéta ecclefia, illum volumus & ordinamus preferri in diéto
officio, graduatum non graduato & magis graduatum minus
graduato, nifi jufta caufa & rationabilis aliter fuaderit. § 21)
ITEM ftatuimus quod ab inde unam ex clavibus thefaurarie
antiquior canonicus, aliam correarius & aliam major procurator vel alias diéte ecclefie juxta quod vifum fuerit capitulo diéte ecclefie cuftodiant. § 22) ITEM, quod quandocunque
contigerit aliquem chorarium vel clericum, majorem tamen
quatuordecim annis, de novo inftitui in hac ecclefia, preftet
qui de novo inftituitur juramentum quod ipfe fit fidelis ecclefie & obediens priori & capitulo in licitis & honeftis; clericuli vero impuberes cum ad tempora pubertatis pervenerint,
ad requifitionem procuratoris vel alterius prediét. fubeant
juramentum. § 23) ITEM, quod epiffardi capuciùm....... cape
indua....... in Burgo vel civitate Valencie, nifi infirmitatis
vel alia jufta caufa, de licentia magiftri fcolarum. § 24) ITEM,
quod fi canonicus exeundo vel intrando tranfitum per chorum faciat, omnes clericuli de fub choro fedentes eidem
affurgant canonico reverenter. § 25) ITEM ut nᵒ 3. § 26) ITEM,
quocienfcunque vacare contigerit aliquod benefficium altaris in hac ecclefia, ad faciendum collacionem diéti benefficii
vocentur omnes canonici qui pro refidentibus habeantur,
nifi forent diftantes a civitate Valencie per duas leucas. § 27)
ITEM ftatuimus quod quilibet benefficiatus in ipfa ecclefia infra menfem a die adhepte pacifice poffeffionis fui benefficii
de bonis tam mobilibus quam inmobilibus ipfius benefficii

inventarium teneatur conficere & illud ad cuſtodiam infra
alium inde ſequentem menſem capitulo tradere : qui vero in
premiſſis fuerit remiſſus, per capitulum ſeu correarium coherceatur. §28) ITEM ſtatuimus & ordinamus quod ſi contin-
gat aliquam peccuniam reddi alicui rectori cujuſvis cappelle
dicte eccleſie cui pertineat, rector dicte cappelle infra menſem a die receptionis dicte peccunie numerandum, vocatis
correario & procuratore dicle eccleſie ac cum conſillio illorum, peccuniam eandem cum omni effectu ſtudeat alibi in
acqueſtum ponere ad utilitatem dicte ſue cappelle, ſin autem
deponat in theſauro dicte eccleſie communi vel in manibus
procuratoris ejuſdem cuſtodiendam, quouſque reperiatur ubi
alocetur & tradatur peccunia de conſilio & conſenſſu quorum ſupra : quod ſi is in cujus poteſtate devenit dicta peccunia in premiſſis fuerit remiſſus aut negligens, diſtribu-
tionibus ſuis cotidianis ſit privatus quamdiu eo caſu eandem
peccuniam detinebit. § 29) ITEM ſtatuimus quod procuratores eccleſie faciant fieri officia dd. canonicorum non reſi-
dencium in dicto Burgo ſufficienter & legittime, & ſolvant
cuilibet facienti officium unius canonici ſex groſſos. § 30) ITEM
ſtatuimus ut ſupra quod deinceps dom. prior, canonici &
alii ſervitores eccleſie contendentes ſive litigantes & habere
pretendentes aliquas pertendas ſive aliquam partem pertendarum vel jura ſuorum beneficiorum, & quas & que ipſi vel
alter ipſorum aſſerant ſibi pertinere & deberi ſuis ſumptibus
propriis & non de bonis communibus dicte eccleſie proſe-
quantur. § 31) ITEM ordinamus quod deinceps magiſter clericorum, qui ipſos inſtruere habet, recipiat libram unius epiſ-
fardi ultra libram ſuam ordinariam. § 32) ITEM, quod vacante canonicatu panaterie per ceſſum vel deceſſum, prohibemus abinde loco illius aliquem ſubrogari, ſed jura que
percipit cedent communi. § 33) ITEM ſtatuimus & ordinamus
quod, cum aliquod quandocumque beneficium dicte eccleſie vacaverit, conferatur habituato dicte eccleſie qui, ſi

non fuerit facerdos, preftet juramentum capitulo in manibus
dd. a capitulo deputatorum vel deputandorum quod, ceffante legictimo impedimento, infra annum fe faciat ad omnes facros ordines promoveri; &, fi tempore collationis fibi
facte fuerit abfens, teneatur & debeat poftquam collatio huj^{dl}
fuerit fibi nota vere vel interpretative venire ad refidenciam
perfonalem faciendam; fin autem eo ipfo dicto fit privatus
benefficio : fi vero is cui jam eft facta collatio fit de prefenti
vel fuerit in futurum quandocunque abfens a dicta ecclefia,
fi poft monitionem ut refideat in eum incontinenti fiendam
non venerit infra duos menfes refidenciam cum effectu factu-
rus, fit itaque eo ipfo benefficio eodem privatus, nifi in fcolis
vel ftudio vel alia quavis jufta, legittima de caufa & ratio-
nabili fit abfens, cujus examinatio capitulo pertineat, falvo
femper jure patronorum cui non intendimus derogare. § 34)
ITEM ftatuimus & ordinamus quod quocienfcunque contin-
get aliquam de perfonis dicte ecclefie excommunicari, nichil
exigatur pro abfolutione ab huj^{dl} excommunicatione occafione figilli vel alia quacq. ultra fex denar. monete papalis
pro qualibet die qua perfifterit in ipfa excom^{ne} fi fuerit prior
aut canonicus, & fi fuerit chorarius aliufque fervitor dicte
ecclefie inferior vel alias de juriditione dict. dd. prioris &
canonicorum tres denar. dicte monete & non ultra exigatur
ut fupra. § 35) ITEM ftatuimus & ordinamus quod nullus
canonicus, presbiter, chorarius vel fervitor ecclefie excom-
municatus, quamdiu in excommunicatione perfiftet, nullam
libram recipiat; & fi per procuratores dicta libra, ipfa durante excom^{ne}, perfoluta fuerit, dict. procuratoribus in com-
putis fuis non intrant. § 36) ITEM ordinamus quod hofpitia
benefficiorum ecclefie, fecundum ordinationem acthenus
factam per correarios dicte ecclefie fuper reparatione ipforum hofpitiorum, perfficiantur & compleantur juxta dict.
ordinationem & cum effectu reparentur infra duos annos,
nifi emineret periculum ruine : quo cafu celerius ovietur &

provideatur per capitulum & illos quorum interest; qui vero
huic nostre ordinationi cum effectu non paruerit, eo ipso per
annum privatus sit fructibus sui benefficii a quo domus sive
res reparanda dependet, sub pena valoris sui benefficii unius
anni; addicientes insuper quod omnia que ordinata sunt per
dict. correarios secundum sua inventaria compleantur infra
dict. terminum sub eadem pena. § 37) Item, quia reperimus
occulata fide argentum sive laminas argenti de uno cadrorum
casse super altari magno situate necnon & de duabus crucibus
& duobus bordonis argenteis fuisse subrectum & subrectas,
ideo ordinamus quod predicta reparentur & ad prestinum
reducantur statum, sumptibus & expensis dom. Johannis
de Argento, tunc sacriste ecclesie, hinc ad proximum festum
Pasche : quod si non fecerit, ex tunc incontinenti procurator
major ecclesie id fieri facere teneatur super prebenda & aliis
fructibus ipsi d. Johanni pertinentibus, tantum sibi sub-
trahendo de illis quantitatibus (quantum) pro factura & reparatione premissis necesse foret. § 38) Item, quia reperimus
in cappella Beate Marie pillaria lesa & corrosa aulamque
reffectorii minari ruinam & etiam cappellam Beate Caterine
sellas seu sedes chori pre vetustate consumptas, ordinamus
predicta reparari debere per procuratorem majorem infra
annum, & hoc sub pena decem librar. applicandarum communi : non intendentes propter hec commune dicte ecclesie
obligare quoad reparationem aliarum cappellarum nec trahi
ad ullam consequentiam. § 39) Item ordinamus quod major
procurator capituli reparet reparanda & neccessaria in hospitali infra tres annos, sub pena predicta decem librar. § 40)
Item, quia per visitationem nostram reperimus domum
dom. prioris lesam & pati ruinam quasi in omnibus menbris
suis, ordinamus quod infra tres annos dict. domum reparet,
edifficet & pro quolibet anno dict. trium annorum imponat
& implicet ad minus quindecim florenos, & deinde ultra
usque ad plenam reparationem : alias emulimenta & fructus

quos percipit ratione dicti sui prioratus ob deffectum dicte
reparationis non facte ponantur & reducantur ad manus capituli, quos per presentes reducimus, & in dicta reparatione
applicentur. § 41) ITEM ordinamus quod procurator reparet
granerium capituli infra sex annos sic quod, si necesse foret,
bladum debite possit in dicto granerio reponi. § 42) ITEM ordinamus quod procurator major reddat computum de bonis
dom. Johannis de Ulmeto quondam infra annum & de reli-
quis e[mat] redditus juxta voluntatem testatoris. § 43) ITEM,
quia reperimus canonicos suas pertendas augmentasse de sex
libris annualibus ab antiquo spectantibus communi & inde
pro illis debitam fecisse compensationem dicto communi,
ordinamus quod denuo predicte sex libre pertendis dict. canonicorum sint & pertineant, & de illis computet major procurator : hoc addito quod si eveniant aliqua introgia ratione
bajullarum, illa recipere possint secundum quod acthenus
recipiebant ipsi canonici, dum tamen stipendia bajullarum
non augmentent. § 44) ITEM statuimus & ordinamus, in hac
parte approbando sententiam rev^{dl} in Xpo patris dom. d. Jo-
(hannis) de Pictavia, Valentin. & Diensis episcopi & comitis,
arbitrantis quod terragia quorumcunque bladorum & gra-
norum pro tempore in quibuscq. terris vacantibus, que tenentur & teneri consueverunt de directo dominio communis
ecclesie Sancti Petri, ac in bajulliis ejusdem excrescentium
pertineant pertinereque debeant pleno jure communi dicte
ecclesie levanda, & per consequens recipiendaque & exigenda
ipsius communis nomine per procuratorem granerii sepe-
dicte ecclesie vel per alium ad opus ipsius communis, juxta
ritum & modum ipsius ecclesie fieri solitum & consuetum ;
preter pronunciamus & ordinamus quod (si) quis ex canonicis dicte ecclesie vel alius quivis aliqua ex terragiis ipsius
ecclesie predict. exigerit & fuerit eidem communi obnoxius,
actio contra eum & ejus successores & heredes ex integro
salva remaneat dicte ecclesie seu communi ejusdem & procu-

ratori ecclefie generalis, qui procurator teneatur exigere. § 45) ITEM, incitando officium prelibati rev^{dl} in X° patris & dom^l d. Jo. de Pictavia, Dei favente clementia epifcopi & comitis Valentin. & Dienfis, ftatuimus & ordinamus quod prefatus rev. in X° pater & ejus fucceffores, tam auctoritate dicte SS. finodi quam fua ordinaria, faciat & faciant cum effectu dicta noftra, imo verius SS. finodi, ftatuta inviolabiliter obfervari in cafu negligentie, non obfervationis ipforum & quotiens negligentia chorrearii five capituli intervenerit, fub duplo penarum in dict. ftatutis contenttarum fue helemofine applicandarum, per cenfuram ecclefiafticam fi viderint expedire, fibi dictifque fuis fucceffioribus ad hec noftras vices fubdelegamus;... revocamus, irritamus penitufque & adnullamus quecumque ftatuta dict eccclefie S^l Petri de Burgo jam facta. . . . .

(*) Texte établi d'après 3 peaux de parch., chacune fans commencement ni fin, débris de l'original qui ont dû être taillés pour fervir de couverture, & complété à l'aide d'une copie du XVIIᵉ fiècle (10 p. 1/2 gr. form.) qui porte au dos : « Ce font les Eftatuts de l'Efglife colegiale de Sᵗ Pierre em-» ployés pour faire voyr que cellui qui eft receu chanoyne de l'efglife ne peut » participer aux partandes ou prebandes des chanoines decedés qu'il n'aye » 25 ans, conftitué dans les ordres facrés. — PEYSSON. » — Pour fixer la date de ce document, dont les notes chronologiques ont difparu, il faut ufer des fynchronifmes offerts par le concile de Bâle, au nom duquel les ftatuts furent promulgués, & l'évêque de Valence & Die, Jean de Poitiers.

(1) Voir ces textes (moins corrects) dans LABBE & COSSART, Concilia, t. XII, c. 553, § 3, 4 & 6. — (2) Ibid., c. 553-4, § 4, 7, 8, 10 & 11. — (3) Ibid., c.552, § 1.

LXXX.   5 janvier 1462.

Dotatio et fundatio unius missæ perpetuæ et quotidianæ per gener. et pot. virum dominum Crussoli fundatæ solemniter in organo in ecclesia collegiata·S^{ti} Petri de Burgo Valentiæ ad honorem gloriosæ virginis Mariæ*.

IN nomine Domini noſtri Jheſu Xpiſti, quod nomen in æternum ſit benedictum, & anno ſalutiferæ Incarnationis ejuſd. Dom^i 1461 & die 5^e menſis januarii, ſer^{mo} principe & domino noſtro Ludovico Dei gracia Francorum rege ac delphino Viennenſi regnante, pontificatuſque SS^{mi} in Xpiſto patris & dom^i noſtri Pii divina providentia papæ II^i anno quarto, coram nobis... perſonaliter conſtituti Joannes de Balmis & mag. Robertus Jovenelli, procuratorio nomine dicti domini de Cruſſeolo,... ex una & ven^{les} viri dd. Guillelmus de Montemeyrano, prior, & Petrus de Sala, canonicus dictæ ecclefiæ collegiatæ Sancti Petri,... nomine dictæ ecclefiæ.., ex altera partibus, quæ quidem partes... ad inftitutionem, fundationem & dotationem quotidianæ perpetuæque miffæ præmention. proceſſerunt in hunc qui ſequitur modum : in primis præfati dd. prior & canonicus... ſtatuerunt, decreverunt & ordinaverunt quod ob piam devotionem & laudabilem intentionem ipſius domini de Cruſſeolo in ejuſque & ſuorum progenitorum ex eadem clara ſtirpe de domo de Cruſſeolo omniumque parentum, affinium & amicorum ſuorum omniumque fidelium defunctorum remiſſionem peccatorum & animarum ſalutem perpetuo ſingulis die-

bus celebretur una miſſa de officio beatæ Mariæ virginis ſolemnis per unum ſacerdotem habituatum ejuſdem eccleſiæ
cum diacono & ſubdiacono & per chorum & ſuo turno cum
cantoribus & organo, ſecundum ritum eccleſiæ & temporis
curſum ſolemniter quod fieri poterit, ſcil. in dicta capella
Beatæ Mariæ, videl. per dom. priorem & canonicos, etiamſi
reſideant in civitate Valentiæ, & chorarios presbiteros in
eadem eccleſia reſidentes & unum portalium per turnum
ſuum per chorum, incipiendo a priore qui eſt major & ſub-
ſequenter per canonicos & chorarios, ſecundum ritum &
ordinem dictæ eccleſiæ : ita tamen quod ſi prior aut canonicus ſuo loco & ordine ipſam miſſam non poſſet vel nollet
celebrare, debeat illam celebrari facere loco ſui per alium
ex ipſis dd. canonicis; ſi vero nullus ipſorum canonicorum
hoc facere vellet aut non poſſet, faciat illam celebrari per
unum ex chorariis dictæ eccleſiæ in ea reſidentibus, & eo
caſu non plus percipiet ipſe chorarius miſſam celebrans quam
faceret in ſuo ritu vel ordine ſi pro ipſo celebraret; item in
ipſa miſſa quotidiana intererunt duo ex ipſis habituatis dictæ
eccleſiæ cantores de organo, unus ſcil. pro tenore & alius
pro contra, cum quatuor ex clericulis puerilem vocem ha-
bentibus pro cantando lo deſſus idoneis & ſufficientibus per
capitulum eligendis; item tandiu quandiu durabit ipſa miſſa
ſint & exiſtant eſſeque debeant duo cerei incenſi & ardentes
in duobus candelabris ſuper altari prædicto ponderis cujuſlibet dimidiæ libræ cereæ; item dum & quando elevabitur
Corpus Xpiſti duo interticia ſeu faſces cereæ luminabuntur
ſeu incendentur & tenebuntur ipſa elevatione durante in-
cenſæ & ardentes; item ipſa miſſa celebrabitur modo prædicto & ordine, & quod celebrari perpetuo debeat per dict.
dd. habituatos dictæ eccleſiæ & ad præmiſſa faciendum ipſi
omnes & quilibet ipſorum ſervitium prædict. facere & complere promittent ſeque & ſucceſſores obligabunt; item, ut
magis ſolemnis ſeu ſolemniter ad honorem Dei & ipſius glo-

riofæ virginis Mariæ celebretur, inter primam & tertiam
horas quotidie celebretur & nulla alia folemnia interim cele-
brentur officia nifi ipfa miffa prius dicta; & ut volentes intereffe, devotionem habentes aut intereffe debentes hora
primæ & officio ejufdem celebrato in ecclefia, ipfi domini de
capitulo per eorum maniglerium aut alium ad ea commiffum
pulfari faciant feu dari xx" v˚ ictus five clos groffæ campanæ
dictæ ecclefiæ, & taliter quod habitantes in civitate Valentiæ
exaudire & venire valeant ad dict. miffam; item, quod celebrabitur & celebretur diebus folemnibus & feftivitatibus folemnibus ejufdem Virginis gloriofæ, apoftolorum, domini-
calibus diebus cum majori folemnitate & tractu quod fieri
poterit; item quod dicta miffa celebrata, facerdos celebrans
fubmiffa voce ante altare, verfa facie ad populum comme-
morationem mortuorum faciet, videl. dicendo *De profundis*
& cum clericorum refponfione, cum oratione defunctorum
Inclina Domine, cum Fidelium omnium defunctorum, &
pro fignanter domus prædictæ de Cruffeolo redemptione,
cum afperfione aquæ benedictæ quam dicti clerici feu defer-
vientes aut alter ipforum dicto facerdoti miniftrabunt; item
pro qualibet miffa fingulis diebus dabitur facerdoti celebranti
ipfam miffam, videl. priori vel canonico unus groffus & octo
denarii monetæ pro tempore currentis, chorario unus groffus, diacono octo denarii, fubdiacono quatuor denarii, cantoribus vero fcil. illi qui faciet la tenor quatuordecim denarii
& tantumdem illi qui faciet le contra, cantoribus vero can-
tantibus lo deffus fcil. cuilibet ipforum quatuor clericorum
fex denarii, item maniglerio qui groffam campanam clo-
chabit, ut dictum eft, tres floreni pro quolibet anno, procuratori vero majori dictæ ecclefiæ pro labore fuo impen-
dendo in recuperando, diftribuendo & tabulam faciendo
& alias, videl. quinque floreni pro quolibet anno, item
pro fuportantibus expenfas neceffarias in fafcibus & cereis
fuperius pro fervitio dictæ miffæ ordinatæ, quindecim floreni

ipsi procuratori seu illi qui ad administrandam dict. lumina-
riam per ipsum capitulum fuerit deputatus singulis annis;
item, ipsi domini de capitulo omnes insimul capitulariter
nomine dictæ ecclesiæ onus prædict. suscipient & adimple-
turum promittent, & protectores ejusdem se constituent
nunc & infuturum per modum universi, & facient de supe-
rabundanti pro majori & perpetua observantia promitti per
chorarios presbiteros ejusdem ecclesiæ & sub obligatione...
Et quia spiritualia sine temporali dominio subsistere non
possint nec bovis alligandum est contra (os?) triturantis, ex
quo leviticis & sacerdotibus veteris legis etiam panis propo-
sitionis sacra pagina cavetur ad illorum sustentationem obla-
tus, ideo pro liberatione & distributione prædict. pro ipsa
missa fiendis & illarum continua & perpetua supportatione,
ipse dominus de Crusseolo decreverit... ad præmissa erogare
& donare perpetuo de bonis suis, ex quibus prædicti missam
celebrantes & in ejus solemnitate assistentes... necessaria sus-
tentatione foveantur perpetuo, ut ipsum celebre officium facere & preces devotius & attentius Altissimo infundere habeant, ideo prædicti Joannes de Balmis & mag. Robertus
Jovenelli..., ut præmissa adimpleantur & observentur perpetuo & de novo ipsius domini de Crusseolo ad laudabilem
& votivum deducatur effectum, dederunt & donaverunt,
cesserunt & remiserunt perpetuo penitus & quittaverunt
atque desamparaverunt eisdem capitulo & ecclesiæ... omne
jus & actionem, petitionem, obligationem & hypothecam
quas & quod habet ipse dominus de Crusseolo... in & super
consulibus seu sindicis seu universitate civium & habitatorum
Valentiæ... ex causa emptionis pensionis ducentorum floren.
pensionalium anno quolibet per ipsam communitatem &
particulares... in· solidum præstandorum, pretio mille quingentorum scutorum auri per ipsum dominum de Crusseolo
ab eisdem emptæ, constante publ. instrumento..., usque ad
summam duntaxat mille & centum scutorum quoad pre-

tium prædict. & centum quadraginta fex floren. octo groffor. debitorum fecundum rotam prædicti pretii ex dicta penfione, ad rationem ipforum undecim centum fcutorum, cum o[1] jure & actione..., nihil... fibi retinendo, fed in ipfos·dd. priorem & capitulum... transferendo...; mandantes dicti cedentes... dict. findicis... quatenus ratam penfionem prædict. eidem ecclefiæ feu iconomo ejufdem annis fingulis perfolvant..., retento tamen... quod dicta rata penfionis annuatim impleatur in diftributionem & liberationem fuperius ordinatas, refiduum vero quod fupererit cedet & implicabitur ad fuportationem aliarum expenfarum & onerum tam pro indumentis facerdotalibus & aliis nec non calicibus, libris aliifque neceffariis ad fervitium & decorem dictæ miffæ, item quod ipfi dd. fervitores dictæ ecclefiæ teneantur & debeant eorumdem devotis fuffragiis & orationibus, horis canonicis, miffis & aliis divinis officiis per eofdem... in eadem ecclefia celebrandis participes facere ipfum dominum de Cruffeolo nec non nobilem (&) egregiam dom. Helidem de Laftic, ejus matrem, hujus fundationis & dotationis conductricem, ac etiam egr. dom. Joannam de Levis, ejufdem domini de Cruffeolo conjugem, & eorum progenitorum & pofterorum, de quorum falute & redemptione animarum in eifdem fuis facrificiis & orationibus preces infundere memoriam habere velint perpetuo in ecclefia memorata, item quod præmiffa authorifari & confirmari debeant per fummum pontificem, fumptibus tamen propriis ipfius domini de Cruffeolo..., ad ipfarum partium fupplicationem...; item fuit actum... quod præmiffa debeant ratificari... per dict. dominum de Cruffeolo & etiam per dict. capitulum... : quæ omnia promiferunt per fua juramenta... ad fancta Dei Evangelia præftita... attendere perpetuo & obfervare..., fupponentes fe... De quibus... Acta fuerunt hæc Valentiæ, in domo conventus Fratrum Minorum, in camera fratris Aymonis de Hugone, præfentibus ibidem egregiis viris dom.

Joanne de Mercatis, confiliario delphini & fecundo præfidente in curia parlamenti Delphinatus ac judice regio Vivarienfi, Petro Mileti, legum doctore, nobilibus Auberto Fabri, notario Cabeoli, Colino de Vermont, caftellano Stellæ, magg. Laurentio Chamboni de Stella, Garanthono de Jauta, Valentiæ habitatore, notariis, teftibus... G. Jauta, J. de Vergomas.

(*) Copie du XVII° fiècle altérée.

LXXXI.   12 janvier 1508.

Fundatio et erectio unius misse cothidiane*.

IN nomine Domini, amen. Noverint univ... quod anno beatiffime Incarnationis ejufd. Dom¹ mill'o quingentefimo feptimo & die duodecima menfis januarii, fer°° principe & domino noftro dom. Ludovico Dei gratia Francorum rege, Viennenfis dalphino, feliciter regnante, apud ecclefiam colegiatam Sancti Petri de Burgo Valencie, in cappitulo dicte ecclefie, in quo erant cappitulariter congregati, de licentia & mandato egregii dom. Francifci de Beranis, prioris dicte ecclefie, ven¹ᵉˢ & egr. viri dom¹ Francifcus de Beranis, prior, Johannes de Bello Caftro, Johannes de Charentygia, Lantelmus Magnani & Reynaudus de Genafio, canonici dicte ecclefie..., perfonaliter conftitutus... hon¹ⁱᵃ vir Johannes de Cumbis, mercator & burgenfis civitatis Valentie, actendens & confiderans nichil falubrius poffe quam Deo omnipotenti & beatiffime virgini ejus matri Marie de beneficiis a Deo fibi collatis refferre actiones & de caducibus bonis eterna gaudia, mifericordia & pietate Domini intervenientibus, comparare, faluti anime fue fuorumque patris, ma-

tris ac nobilis Salvegne Sextre, ejus prime uxoris, fuorumque aliorum parentum & confanguineorum providere volens; ob id... gratis & fponte..., per fe & fuos heredes...,
fundavit, ftabilivit, erexit & ordinavit in ven^ll colegiata
Sancti Petri de Burgo ecclefia, ad opus dict. dd. prioris,
canonicorum ac curatorum, chorariorum, edebmaderiorum
dicte ecclefie..., videl. unam miffam cothidianam perpetuis
temporibus dicendam in dicta ecclefia colleg. fingulis diebus
cujuflibet feptimane in altari beate & gloriofiff. virginis
Marie... poft miffam de Cruffeolio hora tertiarum, ad
honorem Dei omnipot., divini cultus augmentum exaltationemque gloriofiff. virginis Marie beatorumque Petri & Pauli
appoftolorum fanctorumque Johannis Baptifte & Euvangelifte ac Nicolay epifcopi & confefforis, dicendam & celebrandam modo quo fequitur, videl. qualibet die dominica
de feria currentis, die lune de mortuis, die martis de fancto
Nicolay, die mercurii de fanctiffima Trinitate, die jovis de
Sancto Spiritu, die veneris de Cruce, die fabbati de beata
virgine Maria, nifi dict. diebus aut eorum aliquo accidat
feftum folempne aut appoftoli, quo tunc dicatur de officio
ejufdem fefti folempnis, & pariter durantibus octa[bis] fefti
facratiffimi Corporis Crifti dicatur de officio ejufdem, cum
commemoratione & ftatione fiendis pro intentione dicti fundatoris fuorumque parentum & amicorum.........; pro cujus
quidem mi[ffe] perpetue fundatione jamdict. Johannes de
Cumbes dominis de cappitulo... quoad vixerit ipfe de Cumbes in humanis pro dicta miffa cothidiana dicenda dare &
offerre promifit ad m[iffam] qualibet die..., videl. quinque
cartos groffi monete currentis, & poft ejus deceffum per ejus
heredes voluit qualibet die dict. v° cartos eifdem librari &
offerri : fin a[utem] fcituavit & incorporavit... perpetuo.;.
fuper omnibus bonis fuis..., videl. fummam triginta feptem
floren. cum dymidio annualium & penfonalium monete
parve currentis, quolibet floreno pro duodecim folid. Tu-

ronen. & econverfo computato, fine dominio directo, fol-
vendam per ejus heredes & bonorum fuorum poffeffores
anno quolibet... in fefto fancti Appollinaris...; que quidem
fumma five penfio xxxvii floren. cum dy. penfonalium poffit
reddimi... folvendo eifdem de cappitulo fimul & femel fummam feptem centum quinquaginta floren. monete parve
tempore reddemptionis currentis, pro implicando in emendis
penfionibus aut habendo & expediendo eifdem dominis de
capitulo in bonis folubilibus & recuperabilibus penfionem
fimilem...: hoc tamen acto &... rectento ac... conceffo quod
dicti domini de capitulo... in principio miffe Cruffeoli pulfari facere teneantur & debeant in memoriam & recorda-
tionem prefentis fundationis, videl. de campanis appellatis
Pauli & Andree & de ipfis utraque trefdecim yctus five
pulfationes. Quos quidem xxxvii floren. cum dy. annuales
& penfionales... jamdict. Johannes de Cumbis fituavit &
incorporavit... fpecialiter & expreffe in & fuper quad. fua
domo in qua inhabitat, cum toto fuo pertenemento, fcita in
carreriis Cofte Burgi & Parvi Palacii, confrontata ab oriente
cum domibus heredum Jacobi Feyfferii, ab occidente cum
dicta carreria Parvi Palacii, a borea cum domibus Peyroti
de Glandeve & Johannis Magnati & a vento cum dicta carreria Cofte Burgi; item in & fuper quod. fuo prato appellato
de Bizeroux, muro circumdato, fcito in mandamento Burgi
Valentie... Quam quidem fundationem jamdicti domini de
cappitulo... facere, dicere, celebrare... promiferunt necnon
huj^di fundationem ad ipfius perpetuam memoriam defcri-
bere in majori tabula dicte ecclefie, ipfamque miffam cothidianam celebrare ac dici facere & celebrari per ipfos dd. canonicos five chorarios, curatos & edebmadarios per ordinem
prout in dicta tabula defcribitur & in ipfa ecclefia eft fieri
confuetum. Huj^di autem fundationem, rectionem, pacta,
conventiones... promiferunt... tenere, actendere, fervare inviolabiliter & complere..., renunciantes..., de quibus... Acta

fuerunt hec cappitulariter in cappitulo dicte ecclefie ubi folitum eft teneri capitulum, teftibus prefentibus nobili Ludovico de Salhiente, Francifco Perrini, mercatore, Marcellino
Bernardi, Glaudio Edelonis, Petro Bardenerii, lathomo,
& Johanne Charpena, laboratore Burgi Valentie..., & me
Anthonio de Conchiis, cive Valentie, publ. auct^bus appofto-
lica, regia & dalphinali notario......

✠ Anthonius de Conchiis n.

(*) Original parch. de 57 lig.; au dos : *Fund... diane pro ven^ll ecclefia
collegiata Sancti Petri de Burgo Valentie facta per hon^tem virum Johannem de Cumbis Valentie*, libro A, f° IIII^j, folvit iii ff. ii s. pro pres. inftrumento pro eclefia.

LXXXII.   6 février 1557.

[*Collatio cappellanie SS. Jacobi et Nicolai*]*.

BARTHOLOMEUS Salignonis, vicarius generalis in fpiritualibus & temporalibus ven^lis dom. Johannis de Monte
Luco, miferatione divina epifcopi Valentinen. & Dienfis,
notum facimus univerfis quod, die & anno fubfcripto, coram nobis extitit & fe prefentavit honeftus vir dom. Anthonius Fabri, qui nobis expofuit cappellanias in ecclefia collegiata Sancti Petri de Burgo, fub titulo beati Jacobi & beati
Nicolai fundatas, nunc per incapacitatem aut alio quovis
modo vacare, quarum jus patronatus & prefentandi pertinet
ad judicem clericorum dicte ecclefie Burgi, qui pro tempore
eft, quoties eas vacare contingit, inftitutio vero ad priorem
feu capitulum dicte ecclefie...; & cum ipfe Fabri fit nunc &
pro toto hoc anno judex clericorum dicte ecclefie & in ejus
perfona toti capitulo & canonicis dicte ecclefie, honeftum

virum dom. Enemundum Dymbertum, clericum prebiterum & chorarium ejufdem ecclefie, idoneum & cappaffem, rogans ipfum priorem quathenus eundem Enemundum in dict. cappellanis inftitueret, quos Fabri & Dymberton idem dom. prior ad capitulum dicte ecclefie remifit, hoc modo inftitutionem petitam diferens feu potius denegans, unde ad nos jus inftitutionis & provifionis in dict. cappellaniis fuit devolutum; nobis igitur prefentavit dict. d. Anthonius Fabri patronus eundem d. Enemundum Dymbertum, rogans humiliter quathenus ipfum de dict. cappellanis provideremus, ad cujus prefentacionem nos eundem Enem. Dymb. prefentem in dict. cappellaniis inftituimus & per prefentes inftituimus..., providimus..., contulimus..., nobis prius conftito de ejus virtute, fcientia, moribus, fufficientia & capacitate, una cum ipfarum cappellaniarum juribus & pertinentiis fuifque honoribus & oneribus, obventionibus & prerogativis..., inveftivirnus... regimenque & adminiftrationem in fpiritualibus & temporalibus commifimus, mandantes... primo clerico, prebitero· vel notario fuper hoc requifito quathenus ipfum d. Dymberton in realem & corporalem poffeffionem... ponat & inducat..., preftito tamen prius juramento... De quibus... Actum & datum Valentie, in domo habitationis noftre, anno Domini mill'o quingentefimo quinquagefimo fexto ab Incarnatione fumpto & die fexta menfis februarii, teftibus prefent. Johanne de Salignon, fcutiffero, dom. Jacobo Nogeri, notario, & Jacobo Serpeilhe, ad hec vocatis. De mandato dicti B. S. vicarii generalis, figillo Barth. Salignion vic. Marqueti pfec.

(*) Original de 18 lig., fccau fur papier.

LXXXIII. 5 février 1618.

PAVLVS-PaPa-V-

(*Au dos.*) *Dilectis filiis Lugdunensi ac Valentinen. et Grationopolitan. officialibus et eorum cuilibet*.

DILECTI filii, falutem & apoftolicam benedictionem. Ex-poni nobis nuper fecit dilectus filius fyndicus dilectorum filiorum capituli & canonicorum fecularis & collegiate ec-clefie Sancti Petri du Bourg les Valence vulgo nuncupate, prope & extra muros Valentinen., quod ad dictos capitulum & canonicos ex privilegio apoftolico, in cujus poffeffione ipfi ab immemorabili tempore reperiuntur, fpectat & pertinet punire & corrigere facerdotes & clericos delinquentes dicte ecclefie ufque ad interdicti fententiam & beneficiorum fuo-rum fubftractionem feu privationem, omni appellatione re-mota, & ad eum effectum habent certum & peculiarem ju-dicem capitularem pro caufis inter & contra facerdotes & clericos predict. vertentibus & movendis, & nihilominus cum antea dilectus filius Raimundus Benoift, presbiter be-neficiatus dicte ecclefie ob diverfos graves per cum com-miffos exceffus, juxta decretum dicti judicis capitularis, perfonaliter apprehenfus & carceribus mancipatus extitiffet, & à perfonali apprehenfione & carceratione hujufmodi ante latam diffinitivam fententiam ad venerabilem fratrem ar-chiepifcopum Viennenfem five dilectum filium ejus curie metropolitane officialem appellaffet, idem archiepifcopus five officialis in caufa huj^dl nulliter & de facto procedens ac appellationem dicti Raimundi in prejudicium privile-giorum dicte ecclefie admittens, Raimundum predict. ad fe conduci & acta caufe penes fe afportari debere declaravit per ejus decretum diffinitivum, a quo decreto per dict. exponentem ad Sedem apostolicam appellato, caufam appellationis fue huj^{dl} ven^{li} fratri epifcopo Tricaftrinen. committi obtinuit; qui quidem epifcopus Tricaftrinen. in caufa huj^{di} perperam fimiliter procedens, fuper petita per dict. exponentem Raimundi predicti ad dict. judicem capitularem remiffione proferenda defuper fententia fua pronunciare recurfavit, teftefque ad fe conducendos effe & in negotio principali procedendum declaravit, per ejus decretum gravamen per diffinitivam irreparabile exponenti & capitulo ac canonicis predict. eorumque dicto privilegio inferens : quare pro parte dicti exponentis ad Sedem apoftolicam intra ultima, ut ipfe afferit, tempora appellatum & de nullitate dictum extitit, nobifque humiliter fupplicatum ut ei in premiffis de opportuno juris remedio fubvenire paterna follicitudine curaremus. Nos igitur, unicuique juftitiam ut decet miniftrari cupientes ipfumque exponentem à quibufvis excommunicationis, fufpenfionis, interdicti aliifque ecclefiafticis fententiis, cenfuris & penis... ad effectum prefentium duntaxat confequendum harum ferie abfolventes & abfolutum fore cenfentes, huj^{di} fupplicationibus inclinati, difcretioni veftre, cum ficut idem exponens afferit ven^{les} fratres archiepifcopus Lugdunen. & Valentinen. ac Grationopolitan. epifcopi ex ordinariis vicinioribus illarum partium exiftant, per prefentes comittimus & mandamus, quatenus vos vel duo aut unus veftrum vocatis ad id qui fuerint evocandi, caufam... appellationis... huj^{di} ac nullitatis... ex tribus necnon attentatorum & innovatorum... etiam fummarie... auctoritate noftra audiatis, cognofcatis fineque debito terminetis & decidatis... : non obftantibus... Datum Rome, apud Sanctam Mariam Majorem, fub annulo Pifcatoris, die quinta februarii, MDC.XVIIJ, pontificatus noftri anno tertiodecimo.

C. DE SERRES.

(*) Original parch. de 20 lig.; près du fceau : *Ambrofius Defgranges, bancarius Lugduni commorans, expediri curavit.*

LXXXIV.   16 janvier 1699.

Deliberation concernant l'obligation de chanter une
messe de mort pour chagun de messieurs le prieur
et chanoines de St Pierre du Bourg les Valence à
leur deceds par les religieux de l'ordre des Mineurs
conventuels de St François de Valence*.

LES tres illuftres feigneurs comtes de Cruffol, fondateurs
de ce convent de Valence des Freres Mineurs conventuels
de St François, ayant de tous tems accordé aux religieux
dudit convent la franchife pour paffer le Rhofne au port de
ladite ville, comme il confte par plufieurs de leurs concef-
fions, & en dernier lieu tres haut & puiffant feigneur Jean
Charle de Cruffol, duc d'Uzes, premier pair de France,
prince de Soyon, comte de Cruffol, etc., ayant confirmé par
lettres patentes du 4e du courant tous les privileges, immu-
nites & donnations accordees par fes predeceffeurs auxdits
religieux, & en particulier la franchife au paffage dudit port
pour un tiers luy appartenant; & à fa priere meff^{rs} les prieur
& chanoines de la venerable eglife collegiale de St Pierre du
Bourg lefd. Valence, par deliberation capitulaire du 10e jour
du courant, ayant eu la bonté d'accorder aux religieux dudit convent la franchife du paffage audit port pour les deux
tiers d'iceluy qui leur appartiennent, aux conditions que les
religieux qui font de prefent & qui feront à l'advenir audit
convent chanteront une meffe de mort apres le deceds de
chacun des fieurs prieur & chanoines dudit chapitre & cela
à perpetuité. A cett'effet, nous freres Jean Baptifte de Beaux,
confeiller du Roy, docteur & premier profeffeur royal en

s˟ theologie en l'Univerſité de ladite ville, miniſtre provincial & commiſſaire general de la province de Sᵗ Bonaventure dudit ordre, Athanaſe Garnier, auſſy doċteur en theologie, exprovincial & gardien dudit convent, Louis Antoine Jearry, de meme doċteur en s˟ theologie, leċteur en ladite Univerſité aux fins de l'aggregation & diffiniteur temporel de ladite province, Jean Lambert du Valtier, Antoine Augier & Antoine Rey, ſindic dudit convent, tous preſtres & religieux compoſant la communauté d'iceluy ſoubſignes, capitulairement aſſembles à la maniere accouſtumëe, pour marquer noſtre recconnoiſſance auxdits ſieurs prieur & chanoines dudit chapitre Sᵗ Pierre du Bourg leſd. Valence, nous ſerions obligés & nos ſucceſſeurs audit convent, comme par ces preſentes nous nous obligeons de chanter à perpetuité apres le deceds de chacun deſdits prieur & chanoines preſents & advenir une meſſe de mort pour le repos de ſon ame. Et nous, ſuſdit provincial & commiſſaire general, avons confirmé de noſtre authorité la preſente deliberation & commendé en vertu de s˟ obbeiſſence aux gardiens & ſuperieurs qui ſe trouveront audit convent de la faire executer ſelon ſa teneur, & au ſacriſtain de faire inſerer à la Table des fondations dudit convent la ſuſdite obligation de chanter ladite meſſe; avons de plus ordonné au chancelier de noſtredit convent de faire un extrait de ladite deliberation pour eſtre remis aux archives dudit chapitre Sᵗ Pierre du Bourg leſd. Valence. Fait & deliberé audit Valence, dans le chapitre dudit convent, le dix ſeptième janvier mil ſix cent quatre vingt dix neuf. Fr. Jean Baptiſte de Beaux, provincial & comᵐᵒ general, F. Ath. Garnier, exproⁱᵃˡ & gardien, Frᵉ Loüis Ant. Jearry, diffᵗ temp., Frᵉ Jean du Lambert du Valtier, Frᵉ Ant. Augier, Frᵉ Antoine Rey, ſindic.

_____

(*) « Extrait du livre des deliberations du convent des Freres Mineurs » conventuels de Sᵗ François de Valence par moi ſoubſigné chancelier, Frᵉ

» Louis Antoine Jearry », avec légalifation de « f^{re} Jean Bapt. de Beaux,
miniftre provincial & commiffaire general. »

CHARTVLARII

Sancti Petri de Bvrgo Valentiæ.

Finis.

INDEX ALPHABETICVS

PERSONARVM, LOCORVM, RERVM.

[Les chiffres renvoient aux pages du volume ; la lettre n *indique une note. Le signe — fupplée à la répétition du mot principal de l'article, & cet autre - à celle des lettres identiques d'une variante].*

CHAMPELLI (Andreas), 26, 119-20; —
(Anthonius), 135; — (Durandus),
prior fecular. Sⁱ Petri de B., 71;
— (Petrus), 147.
CHANAYS (Joannes), canonicus, 103.
Chanena ferri, 118. — Chaîne.
CHAPAIRON (W[illelmus]), 70.
CHAPUS (Juvenis), 85-6-7-8.
CHAPUSIUS, macellarius, 92.
Charentygia (Joannes de), 173. —
Chargia, 138, 149. — Charge [Duc.
II, 308 *b*].
Charmes (chaftiel de), 127. —
Charmes, c. de La Voulte (Ard.)
CHARNAY (Eynardus), 131-2-3.
Charpel (de), 73. — *Charpey, c. du
Bourg-de-Péage (Dr.)*
CHARPENA (Joannes), 176.
Charfuoles (verfus), 118. —
Chafta (Bertrandus de), 104; —
(Gaufredus de), decanus Valenti-
nus, 92; —(Joannes de), 104, 106.
— *Chatte, c. de St-Marcellin (Is.)*
CHASTEL (W.), capellanus, 70.
CHASTELLI (Guillelmus), 119-20.
CHASTILLO (P.) vinea, 67.
CHATBERTUS, facerdos, 33, 35, 43.
CHAULET (Giraldi) domus, 4.
CHAVALHER, C-LLERII (Petrus), 114-5.
Chayffan, locus, 90. —
CHAYSSIORUM beneficia, 129.
Cheveluco (Guillelmus de), 102-3.—
CHINARDI (Petrus), mercator, 147.
Chirofiis (in), 58. —
Chivo (Petrus de), 24. —
Chorarius, 159. — Clerc [Duc. II,
334 *b*].
Chorearius = Conrearius.
CIGOTZ (Joannes), clericus, 24.
Cimbalum, 115. —
Cimiterium Burgi, 20, 82, 111, 130,
161; — Hofpitalis Valentiæ, 23.
Cinnamomi uncia, 35, 38, 45, 48.
Clairiaco, Clar-o, Cler-o, Cleyr-o
(carreria publ. de), 103 *(à Va-
lence)*; — (Guillelmus de), 87;
— (Willelmus de), 38, 43, 46,
50, 61, 66, 73. — *Clérieux, c. de
Romans (Dr.)*
Clamor, 82, 111-2, 160. — Dette
[Duc. II, 374 *c*].

Claperia, 90. — Clapier [Duc. II,
376 *b*].
CLAREMONS, badellus, 98.
Claromonte (Guillelmus de), 152.—
Clafticulum, 160. — Glas.
Claus (lo) preboftal, 80. — Clos.
Clauforius præpofiti, 94. — Clos
[Duc. II, 386 *a*].
Clauftrum ecclefiæ de Burgo, 15,
120, 130, 152, 161. — Cloître
[Duc. II, 386 *b*].
Claufum, 4 n. — [Duc. II, 388 *b*].
CLEMENS papa [*III*, 1187-1191], 21
n, 24, 27; — [*IV*, 1265-68], 84;
— [*VII*, 1378-94], 126.
Clericulus, 162, 169. — Enfant de
chœur [Duc. II, 395 *b*].
Clochare, 170. — Sonner.
Clos campanæ, 170. — Coup.
Cocci (Petrus), 72.
CŒLESTINUS, papa [*III*, 1191-8], 25 n.
Coig, Coing (territorium del), 79,
81. == Conners.
Colomberia (Joannes de), 147, 152.—
Colombier, c. du Bourg-lès-Va-
lence (Dr.)
Colongias (verfus), 118. —
COLUMBUS, maritus Petronillæ, 72.
Combouvet (verfus), 118.
Commiffum (decidere in), 74 n. —
[Duc. II, 479 *b*].
Commune, 157, 161, 165-6. — C-
nia, 3 n, 4, 58, 60, 62, 93, 99.
— [Duc. II, 485 *a, b*].
Communia, 153-4. — Octroi.
Completorium, 60. — Complies [Duc.
II, 499 *b*].
Computare, 117, 166. — Rendre
compte [Duc. II, 504 *c*].
Computum, 117, 164, 166.— Compte
[Duc. II, 504 *c*].
Conchiis (Anthonius de), 176. —
Concilium epifcopale, 131-2.
Condamina, 4 n. — [Duc. II, 516 *b*].
Conductitia domus, 42; — fami-
lia, 22.
Confluentis portus, 90. — *Confou-
len, c.* du Bourg-lès-Valence (Dr.)
Confraternitatis, C-triæ domus, 16
n, 41. — [Duc. II, 535 *a, c*].
Confrontare, 106. — Limiter.

Numblus, 154-5. — Longe de porc [Duc. IV, 655 *c*].

O*bsidium* tenere, 9, 12.
Odo, episcopus Valentinus [1156-1185], 8 *n*, 12-3, 17.
Odonis (Guillelmus), cleric., 95.
Officialitas, 157. — Office [Duc. IV, 702 *a*].
Officiarius, 105, 134. — [Duc. IV, 702 *c*].
Officium matutinale, 23.
Olchia, 23. — Enclos [Duc. IV, 707 *b*].
Olerii (Lantelmus), mag., 121.
Omnium Sanctorum festum [1er nov.], 44, 48, 80, 88.
Omologare, 70. — Confirmer [Duc. IV, 711 *b*].
Opus ecclesiæ St Petri, 83. — Fabrique [Duc. IV, 718 *b*].
Organum, 169. — [Duc. IV, 732].
Otgerii (Po.), 67; —(Raimund.), 24.
Otto, imperator Romanorum, 40 *n*.

P", succentor Parisiensis, 4 *n*, 20, 27.
Paccatus, 69. — Payé [Duc. V, 2 *c*].
Pagani (Stephanus), mag., 107.
Pagator, 117. — Répondant [Duc. IV, 9 *c*].
Pairan (Ugo de), 9. — *Peyrins, c. de Romans (Dr.).*
Pairoler (Nicholaus), 24.
Palmerii (Joannes), 140, 144, 147.
Panateriæ (canonicatus), 163. — Office de panetier [Duc. V, 50 *b*].
Panaterius canonicus, 159. — Celui qui le possède [Duc. V, 50 *b*].
Panderoba (Stephanet. dictus), 103.
Panerius, 143. — Panier [Duc. V, 49 *b*].
Pareti (Guillelmus), prior Burgi, 110, 113-4, 116.
Paris (Lantelmus de), 112-3. —
Parisiensis succentor : P.— *Paris (S.).*
Parrochiale jus, 23.
Parrochialia, 22 *n.* — [Duc. V, 106 *a*].
Parrochianus, 21-2, 28. — [Duc. V, 103 *b*].
Parvi Palatii carreria, 175.

Paschæ dies, 23; — festum, 76, 165 ; — octabæ, 44, 48, 100, 110.
Passagium, 122, 143, 146, 149. — [Duc. V, 120-1].
Passare, 143. — [Duc. V, 121, 1°].
Passata, 149. — Passage.
Passavent (Girardus de), 96, 98-9. —
Patella, 118. —
Patria, 135-6. — Pays [Duc. V, 140, 1°].
Paulus V, papa [1605-21], 178.
Payrolerii (Huguetus), 139 ; — (Jacobus), 105.
Payrolerius, Peroll-s, 135-6. — Chaudronnier (Duc. V, 160 *c*].
Pea, 61 *n,* 67. — [Duc. V, 161 *b*].
Pecia nemoris, 79; — terræ, 118. — Pièce [Duc. V, 162 *c*].
Peciaco (Joannes de), 100, 103-6. —
Peireira (s), locus, 80. — *Les Pierrettes, c° de Saint-Marcel-lès-Valence (Dr.).*
Pelerini (Guilhermus), can., 121.
Peleti, Pelleti (Joannes), 133, 135; — (Petrus), 135.
Pellicerii (Guillermus), 119, 120, 125.
Pellisonis (Bonthosius), 133.
Pelofencha (la), locus, 67. —
Penchenati, P-tz (Desiderius), 22; — (Petrus), 108-9.
Pentecostes dies, 23.
Perdrix, 143. — [Duc. V, 199 *b*].
Peregorde (mons. de), 128. = Petræ Gordæ.
Perolerii (Arnaudus), 147.
Peronoxus, porterius, 104.
Perreyra, territorium, 79. = Peireira.
Perrini (Franciscus), 176; — (Joannes), 153.
Pers vistent (clamis del), 83. — Couleur [Duc. V, 217 *c*].
Pertenda, 158, 163, 166. — Prébende.
Pertenementum, 175. — Dépendances [Duc. V, 218 *a*].
Perusii (dat.), 84. — *Pérouse.*
Pessa de bosc, pra, terra, 80-1. — Pièce [Duc. V, 224 *c*].
Pestrare, 115. — Fouler aux pieds.
Petræ Gordæ (mandamentum), 139. — P-rag-dia (Joannes de), 110. — *Pierregourde (Ard.).*

www.ingramcontent.com/pod-product-compliance
Lightning Source LLC
Chambersburg PA
CBHW070634100426
42744CB00006B/679